L'UNITÉ

DE L'ITALIE

EST-ELLE UN DANGER

POUR LA FRANCE

PARIS

IMPRIMERIE DE L. TINTERLIN ET Cᵒ

Rue Neuve-des-Bons-Enfants, 3

L'UNITÉ

DE L'ITALIE

EST-ELLE UN DANGER

POUR LA FRANCE

PAR

M. LE MARQUIS DE LA ROCHEJAQUELEIN

NOUVELLE ÉDITION

PARIS

E. DENTU, LIBRAIRE-ÉDITEUR,

PALAIS-ROYAL, 13 ET 17, GALERIE D'ORLÉANS

—

1862

L'UNITÉ DE L'ITALIE

EST-ELLE UN DANGER

POUR LA FRANCE

————— ✿ —————

I

J'ai pris une part active aux discussions sur l'Italie, qui, depuis deux ans, occupent tous les esprits et troublent tant de consciences ; j'ai lu presque tout ce qui s'est dit ou écrit de plus remarquable sur cette question. Je dois en convenir, son importance spécialement politique n'est pas assez comprise. Si les convictions n'ont pas fait plus de progrès, c'est que, dans les controverses, on s'est trop uniquement préoccupé d'un seul point de vue, celui du pouvoir temporel du Saint-Siége.

Je voulais porter la discussion sur les questions qui n'ont pas été traitées ; mais l'agitation du dehors réagissant sur nos délibérations, le Sénat a voulu formuler immédiatement son vote, pour qu'il ne restât aucun doute sur ses résolutions. J'ai dû m'incliner devant sa volonté.

Mais le Sénat n'a pas entendu se déjuger, comme on l'a prétendu ; il a rappelé et renouvelé son adresse de l'année dernière sur la question italienne et sur celle de Rome en particulier. Si, dans la forme, quelques expressions n'ont pas été appréciées de la même manière par tous, nous n'avons pas jugé qu'il fût bon de nous diviser quand la même pensée dominante nous réunissait.

Pourquoi cette année avons-nous été presque unanimes dans

nos votes, bien que nous ne fussions pas tous d'accord sur les termes de l'adresse?

La raison en est simple. L'ordre des inscriptions n'avait pas permis à toutes les opinions de répondre à certains discours qui ne traduisaient pas les divers sentiments de la Chambre.

Après le discours du Prince Napoléon, la commission avait réclamé son droit de parole pour son vice-rapporteur. Il avait défendu la rédaction de l'adresse au milieu des impatiences de la Chambre, qui voulait entendre les explications du gouvernement.

Le ministre, usant de sa prérogative, avait, à son tour, défendu et commenté l'adresse, et la discussion fut fermée immédiatement par un vote de la Chambre, qui, pour des motifs de sagesse et d'apaisement, ne voulut pas prolonger les débats.

Mais quelle avait été la pensée du Sénat tout entier après avoir entendu des opinions très-compromettantes qui avaient précédé les déclarations du gouvernement? Nous nous demandions avec une légitime inquiétude quelle serait la politique vraiment officielle qui allait nous être exposée au nom de l'Empereur? Devant des affirmations dont la hardiesse nous avait étonnés, nous ne voulions cependant pas perdre la confiance que nous inspiraient la sagesse et les sentiments si hautement avoués de l'Empereur.

Et, en effet, nous avions raison ; le ministre devait répondre, et il a répondu avec l'autorité de sa parole, plus spécialement encore autorisée dans cette circonstance grave par l'Empereur, au nom de qui il parlait, et, il nous l'a déclaré, au nom de qui il avait *SEUL* le droit de parler.

Le désaveu le plus formel, le plus éloquent, le plus catégorique fut donné aux opinions qui nous avaient surpris, et, il faut dire le mot, qui nous avaient grandement alarmés.

Toute solidarité étant repoussée entre des opinions extrêmes identiques à celles que M. Rattazzi développait dernièrement à la tribune de Turin et les opinions du gouvernement, que devions-nous faire après les déclarations que nous venions d'entendre ?

Nous montrer reconnaissants et confiants.

Reconnaissants, parce que nous savons que l'Empereur tient grand compte des loyales opinions du Sénat ;

Confiants, parce que le souverain d'une aussi grande nation n'abandonnera jamais la cause que depuis douze ans il couvre de son glorieux drapeau, malgré les intrigues, les mauvais vouloirs contre lesquels sa sagesse doit lutter ; car cette cause, elle n'est pas seulement italienne, elle est aussi celle de la France.

Nous devions donc repousser énergiquement, par notre vote, les opinions qui blessaient nos consciences politiques et religieuses. C'est ce que nous avons fait.

On a dit, de divers côtés, qu'un certain nombre d'entre nous n'avaient pas tenu assez compte de quelques blâmes, peut-être trop vivement exprimés par l'organe officiel du gouvernement, et que nous avions trop facilement accepté une transaction sur des mots qui nous divisaient.

On a parlé d'équivoques. On a eu tort. Le caractère encore plus net mais plus sobre des déclarations faites par le ministre dans une autre assemblée, prouve que nous ne nous étions pas trompés.

Il me semble que, dans des circonstances aussi solennelles, quand on doit se préoccuper de grands principes, il faut, pour les sauvegarder, avoir assez de sens politique pour s'unir à ceux dont on est le plus rapproché, contre ceux dont on est le plus éloigné.

Est-ce à dire que notre vif intérêt pour l'indépendance de l'Italie soit moindre ? Assurément non. Nous voulons tous l'indépendance de l'Italie ; c'est une tradition française, c'est une nécessité politique de premier ordre pour la France, que le Sénat comprend mieux que personne. Si tous nous n'avons pas pu prendre part aux glorieuses victoires qui ont assuré son affranchissement, il en est bien peu parmi nous dont les pères n'aient pas versé leur sang sur les champs de bataille de l'Italie, à une époque plus ou moins éloignée de notre histoire.

Mais quand il s'agit des coupables et dangereuses entreprises du Piémont, qui nous troublent si sérieusement aujourd'hui, et qui, incontestablement, un jour deviendraient un immense danger pour la France ; quand il s'agit d'une grave atteinte portée au catholicisme (l'ardeur de ses ennemis avoués en est la meilleure preuve), qu'il nous soit permis de protester en faveur des intérêts permanents de la France, sans être accusés de manquer aux sympathies légitimes qui nous unissent à l'Italie.

Que l'on ne se serve pas de l'opinion travestie du premier corps de l'État en France, pour s'en faire un moyen politique, dans un but que l'on avoue hautement, et que nous condamnons absolument.

Si un travail écrit n'a pas l'éclat d'un discours et ne peut pas être lu par un aussi grand nombre de lecteurs, du moins je pourrai démontrer plus complétement la vérité de mes appréciations, en les développant plus que je n'eusse pu le faire en face d'un auditoire même très-bienveillant.

Il me semble utile de présenter sans passion, mais avec sincérité, toutes les faces de cette question, sur laquelle les plus honnêtes gens du monde sont passionnément en désaccord. Je n'ai pas la prétention de faire changer de principes religieux, politiques et sociaux, les hommes qui ont un parti pris de doctrines en opposition avec les miennes ; mais je veux m'efforcer de faire bien comprendre la question d'Italie comme je la comprends moi-même, au point de vue politique et au point de vue religieux de la France.

Il me paraît impossible de mener à bonne fin un pareil examen, sans une entière indépendance, car mon but est de convaincre. Heureux si, dans le déclin d'une vie trop laborieusement agitée, je peux rendre le service d'éclairer mon pays sur ses intérêts permanents que les hommes de bien doivent soutenir, sans perdre de vue les enseignements et les exigences des événements contemporains auxquels nous assistons.

Ces événements si divers et si multipliés, nous avons le devoir de les condamner ou de les défendre, car l'avenir de la France y est grandement intéressé.

II.

Mais pour servir les intérêts de son pays avec avantage, il faut pouvoir se rendre compte de la marche, des vues et des tendances de son gouvernement, et quand on n'en est pas le confident, il faut ne pas pouvoir douter du but qu'il se propose ; car c'est de l'ensemble de la politique du gouvernement que naissent la confiance et les dévouements assurés.

Une nation aussi intelligente que la nôtre, dans laquelle se trouvent tant de caractères indépendants au milieu des abaissements nombreux dont nous avons trop d'exemples, peut se laisser conduire quelque temps sans qu'il lui soit possible de dire où on la conduit ; mais elle souffre dans ses sentiments les plus intimes, elle se révolte au fond des cœurs, sa dignité se blesse ; elle s'inquiète de savoir si elle est bien comptée pour ce qu'elle est et pour ce qu'elle vaut ; elle cherche enfin si on lui rend bien ce à quoi elle a droit, quand elle demande à connaître ses destinées. Elle peut, dans sa juste confiance, s'abandonner pendant quelque temps à la sagesse, à l'habileté, à l'heureuse fortune de son gouvernement ; il ne faut pas faire de cette confiance une trop longue épreuve.

Ce qui la blesse n'est pas moins l'ignorance du but vers lequel on l'entraîne, que l'équivoque dans laquelle on voudrait la maintenir. Aussi, dans la question d'Italie, il était grand temps que le gouvernement fît les déclarations qu'il a faites, car les inquiétudes réelles du pays, inquiétudes qui réagissent si évidemment sur la prospérité publique, peuvent s'attribuer surtout à l'état d'incertitude dans lequel était tenue l'opinion sur les intentions réelles du gouvernement par rapport à l'Italie.

La question religieuse est celle qui a le plus occupé l'attention publique ; elle surexcite vivement les sentiments si différents qui la discutent, les uns avec amour et respect, les autres avec des préventions ou de la haine. Il y a des vivacités nombreuses et très-diverses sur cette question, mais aussi il y a un grand nombre d'ennuyés qui, ne la comprenant pas, ont changé déjà maintes fois de manière de voir, et se fatiguent d'attendre une solution.

Il ne faut pas se le dissimuler, dans les entrailles mêmes du pays, il se trouve beaucoup d'hommes sérieux, pratiques, pour qui la question politique domine l'intérêt religieux, sans qu'au fond ils les séparent ; c'est là qu'il faut chercher la raison fondamentale des inquiétudes manifestées de toutes parts, car la France est pénétrée de cette pensée que les plus grands intérêts de notre patrie sont en jeu et peut-être en péril.

Non, ce n'est pas seulement la crainte d'une conflagration générale qui pourrait surgir d'un coup de canon parti sans ordre ; non, ce ne sont pas les sacrifices que la France pourrait être appelée à faire, soit pour soutenir son œuvre attaquée, soit en abandonnant ceux qui se seraient montrés ingrats en la compromettant malgré sa volonté : non, ce n'est pas là ce qui est le plus grave dans la situation. Ce qui fait surtout réfléchir, c'est l'appréciation de ce qui résulterait infailliblement pour la France si une grande nation se formait, s'organisait, grandissait à ses portes, par sa faute et par son concours, si elle nous touchait par ses frontières, tandis qu'elle prendrait une inévitable prépondérance sur la Méditerranée et sur l'Adriatique.

Ce qui préoccupe la France, c'est de voir se créer une force qui, dans l'avenir, la ferait à coup sûr repentir de son imprévoyance.

Il y a peu de jours, un ministre anglais, parlant d'un discours violent en faveur de l'unité de l'Italie, prononcé à une Chambre française, disait :

« *La journée a été bonne pour l'Angleterre.* »

Et, la veille, un journal français avait dit :

« La journée a été bonne pour la Révolution. »

Révolution, Italie, c'est la dualité menaçante dont il faut lever le masque.

Les conquêtes de la société moderne, dont nous défendrons toujours les grandes et libérales aspirations, ne sont pas intéressées dans ce débat.

Nous ne venons pas demander à des temps que nous n'avons pas connus des idées que nous n'avons jamais eues, nous ne les connaissons que par les ruines auxquelles elles appartiennent ; mais il nous importe de chercher à démontrer que les intérêts de la France, dans la question italienne, ne peuvent changer et sont en même temps rationnels et traditionnels. Sans exprimer des doutes sur les sentiments vrais de nos adversaires, nous le proclamons : nous sommes plus Français qu'Italiens ; et voilà pourquoi il est nécessaire de prouver que si l'indépendance de l'Italie est une nécessité pour la France, si, après nos victoires, notre honneur est de la maintenir, son unification serait une calamité.

On dit que la question italienne est populaire ; rien n'est plus vrai ; son indépendance est d'un intérêt national pour la France.

Mais prétendre que le renversement du pouvoir temporel du Pape et l'unification de l'Italie soient populaires, je le nie formellement, car il faudrait que l'aveuglement de nos intérêts fût poussé bien loin, et, dans ce cas, je voudrais aider à redresser de si déplorables erreurs.

Disons-le donc : pour les idées qui agitent le monde, il y a deux popularités : l'une *bonne*, qui a l'appui des gens de bien et éclairés ; l'autre *mauvaise*, qui s'appuie sur des préjugés, sur de coupables passions, sur des entraînements et sur l'ignorance.

La première popularité, celle que je crois la seule bonne, devrait avoir pour appui le gouvernement tout entier et la presse dont il dispose ; malheureusement il n'en est pas ainsi ; mais la seconde popularité recrute, par la presse, des forces incontestables, par l'appui avoué d'un Prince qui a la hardiesse et la témérité de ses opinions, par l'appui de ceux qui disposent de la publicité, et enfin par l'action puissante du Piémont, dont les sacrifices secrets habilement répartis ne sont ignorés de personne.

Assurément, quand un Prince est venu lire à la tribune du Sénat des extraits nombreux de correspondances diplomatiques, tirées des archives les plus secrètes de l'Empire, il avait un privilége qu'aucun sénateur ne pourrait obtenir. Il avait un avantage sur tous ses adversaires, qui trouveraient, pour combattre ses citations, autant au moins de citations contraires, s'ils étaient privilégiés comme lui. Doit-on s'étonner que l'opinion publique se figure à tort qu'il y a deux politiques.

Il est donc plus facile aux mauvaises doctrines qu'aux bonnes de se vulgariser, par les appuis qu'elles trouvent et dont la puissance ne peut être contestée. Les déclarations faites officiellement au nom de l'Empereur devraient arrêter le mal ; il continue et prend tous les jours une extension nouvelle, au grand détriment des principes sociaux indispensables à toute monarchie qui veut se perpétuer.

III

Quel est donc l'intérêt national qui nous porte à combattre l'unité italienne et à défendre la Papauté ; il faut le dire, en commençant par exposer en quelques mots la situation antérieure de la Péninsule.

Ce que nous nommons l'Italie était autrefois divisé en trois grandes régions : la *Gaule Cisalpine* au nord, *l'Italie* proprement dite au milieu, et la *Grande Grèce* au sud ; chaque dénomination indiquait réellement une origine différente, cependant la conquête avait réuni ces trois grandes subdivisions sous le même gouvernement de Rome, jusqu'à la chute de l'Empire romain en 476, après Jésus-Christ.

Depuis cette époque, c'est-à-dire depuis quatorze cents ans, les divisions et les subdivisions se succédèrent à l'infini, et malgré les aspirations de quelques grands hommes, jamais il n'y eut d'unité italienne. Jamais la France n'a pensé qu'il pût être de son intérêt de travailler à une unité qui pourrait ressusciter l'Empire romain sous le joug duquel la France elle-même fût asservie pendant quatre siècles. Il était réservé à notre époque de voir de pareils entraînements si contraires aux intérêts de notre patrie.

A toutes les époques, depuis dix siècles, nous nous sommes associés aux destinées de l'Italie.

Sous un grand nombre de nos rois, nous avons combattu les conquérants qui voulaient l'asservir, mais jamais nous n'avons imaginé de créer de nouveau, si près de nous, une grande nation dans des conditions telles, que nous ayons à laisser à nos descendants un ennemi dangereux que nous aurions créé contre la France.

Assurément je n'ai que des sympathies pour le peuple italien ; mais je me rends compte politiquement de l'avenir dont nous menacerait l'unité, et je veux signaler ce danger.

Il ne faut rien dissimuler, à quoi bon? Les unitaires italiens se décident par les raisons mêmes qui nous frappent si vivement, nous n'exciterons pas davantage leurs entreprises ; notre but est de faire réfléchir les unitaires français qui se laissent emporter par le courant, sans apprécier la fatale destinée à laquelle ils travaillent.

La configuration de l'Italie, sa position géographique bien étudiées, font comprendre l'importance qu'elle prendrait infailliblement dans le monde.

Ce nouveau royaume serait borné, au Nord par les Alpes et le Tyrol, si la nouvelle Italie ne réclamait pas déjà le Tyrol italien et les côtes adriatiques jusqu'au delà de Trieste, et même les côtes de l'Illyrie.

Dans son ensemble, la Méditerranée et l'Adriatique serviraient de frontières à cette nouvelle Angleterre que baignent ces deux mers, — des îles nombreuses, et, parmi les plus importantes, la Sicile et la Sardaigne ajouteraient à sa puissance.

Aujourd'hui, si les ambitions ultérieures n'étaient pas déjà connues, ce serait 1,200 lieues de côtes avec des ports nombreux et des rades magnifiques; tout un peuple de marins faisant revivre les marines de Gênes, de Pise, de Naples, de la Sicile, d'Amalfi, de Tarente, de Brendisi, d'Ancône, de Venise, de Trieste, etc., etc., c'est-à-dire la puissance des anciens maîtres du commerce du monde quand leurs forces étaient séparées. — Que serait-ce donc si elles devenaient réunies sous un même gouvernement ?

Si l'unité se faisait, l'Italie possédant la Vénétie et les places de guerre de premier ordre qui forment le quadrilatère, déjà défendue par les Alpes, Alexandrie, Gênes et les autres places fortes du nord, serait dans la position défensive la plus formidable de l'Europe du côté de la terre. — Elle serait unique dans le monde.

En quelques années et à moins de frais que n'ont coûté les fortifications de Paris, elle pourrait ajouter à ses défenses des places de guerre que la nature a pour ainsi dire formées dans tous les défilés accessibles qui pourraient livrer passage à une armée.

A l'Est, par ses possessions adriatiques, elle menacerait l'Autriche, la Grèce et la Turquie; sa prépondérance s'établirait par la valeur même de sa position. Elle ne serait vulnérable que par mer; mais elle le serait par presque tous les points de ses côtes.

Aussi devrait-elle faire tous ses efforts pour devenir en peu d'années une puissance maritime de premier ordre, et déjà la pensée patriotique de ses hommes d'action, pensée que je ne blâme pas assurément, mais que je constate, se porte-t-elle vers la marine, qui, en peu de temps, détruirait la vérité de cette espérance proverbiale : « La Méditerranée doit être un lac français. »

Et comme c'est par la marine marchande que s'établit et se recrute la marine militaire, je livre aux méditations des hommes clairvoyants la pétition suivante, dont les pensées et les noms des signataires ont une signification déterminante qui ne peut échapper à aucun de ceux qui la liront.

Novembre 1861.

Au Parlement national italien.

« Honorables députés.

« Appelés par le vote libre de vos concitoyens à unifier l'Italie, à lui donner une organisation stable, progressiste et libérale, à lui ouvrir de nouveau le chemin de son antique splendeur et à faire revivre les vertus de nos pères, c'est à vous, honorables représentants de la nation, qu'est confié le trésor sacré de nos intérêts.

« Vous savez tous, la sainteté de votre mandat doit vous le rappeler que la source de la grandeur civile et politique d'un peuple est la prospérité matérielle.

« Vous savez aussi que la puissance maritime d'une nation à laquelle sa position géographique a dévolu de si précieux avantages est la première condition de prospérité pour le pays.

« L'Italie vous l'atteste par les grandes traditions de Venise, de Gênes, de Pise, d'Amalfi, qui, territorialement peu importantes, ont eu jadis tant d'influence ; vous le voyez aussi par l'état actuel de la France, de l'Angleterre et des États-Unis, où richesse et puissance marchent de front.

« Il y a plus, sous l'initiative hardie d'un illustre Français, Ferdinand de Lesseps, le percement de l'isthme de Suez sera terminé dans deux ans : deux mers et trois continents seront réunis par ce gigantesque travail ; un pont immense, si l'on peut s'exprimer ainsi, unira les rivages de l'Italie aux plages de l'Afrique.

« A partir de ce jour, le commerce de l'Orient doit être, comme
« il fut jadis, absorbé par l'Italie, et ce serait commettre une faute
« irréparable que de nous laisser précéder par d'autres nations. A
« peine émancipés, nous serions de nouveau soumis au joug de l'é-
« tranger ; nos intérêts présents et futurs en seraient à jamais com-
« promis.

« La Société italienne-orientale, dite de la Marine nationale italienne, veut conjurer ces dangers. On chercherait en vain dans les forces disséminées des particuliers cette puissance de capital et d'action que peut acquérir et donner une grande association ; c'est pourquoi tous les citoyens, comprenant l'importance du but qu'il faut atteindre, sentent la nécessité de se grouper autour d'elle, afin d'apporter à sa constitution l'appui de leurs talents et de leurs capitaux.

« Les bénéfices que la nation, l'État et le commerce en recueilleront sont incalculables.

« La nation reconquerra dans la marine marchande le rang qu'elle doit avoir par ses nouvelles conditions politiques, par sa position géographique et par ses glorieux souvenirs.

« La marine militaire de l'Etat aura un service régulier et économique pour les transports, un service postal pour toutes les Échelles du Levant, et, en cas de guerre, les navires armés de la Société, et un nombre considérable de marins déjà instruits et disciplinés militairement.

« Le commerce y trouvera facilité pour ses transports à des prix réduits au-dessous de toute concurrence. On construira des chantiers, des arsenaux et des docks dans les ports d'Italie, et au dehors on fondera des établissements et des colonies dans les pays lointains. Le commerce d'importation et d'exportation sera fait aussi au compte de la Société dans le cas de nécessité reconnue.

« En regardant les grands avantages que l'Angleterre a retirés de sa Compagnie des Indes, la France de ses Compagnies américaines, et la Hollande de ses Compagnies dans les colonies asiatiques, nous nous adressons, pleins de confiance, à la sagesse de l'Assemblée nationale, parce qu'il n'y a pas de doute qu'elle ne soit disposée à encourager, protéger et garantir une entreprise qui, avec le progrès des temps, est un besoin suprême pour l'Italie unifiée.

« Nous, qui aurons eu la gloire d'avoir créé une patrie à vingt-six
« millions d'Italiens, nous voudrons transmettre intact à la postérité
« le dépôt de son indépendance commerciale aussi bien que son in-
« dépendance politique, nous ne voudrions pas l'arracher à l'escla-
« vage des tyrans pour la laisser en proie à un servage des commerces
« étrangers, la mettre au *second rang* quand elle peut être au *pre-*
« *mier*, en faire une *protégée* quand elle peut être *protectrice*.

« Les représentants du premier Parlement italien :

« Général JOSEPH GARIBALDI; comte JEAN DE BUSTELLI-FOSCOLO, promoteur de la Société, consul général de Perse et des républiques américaines de San-Salvador et Costa-Rica, en Italie; chevalier ANTOINE CARCANO, président du Comité national; comte BORROMEO RENATO, vice-président; docteur CASTOLDI EZIO, secrétaire-général. »

Les deux dernières lignes de cette pétition la résument tout entière :

« Nous ne voudrions pas mettre l'Italie au second rang quand elle peut être au premier, en faire une *protégée* quand elle peut être PROTECTRICE. »

Le rôle de la France me semble suffisamment et clairement indiqué ; son tour sera d'être PROTÉGÉE.

IV

Lorsque je disais au Sénat en 1861 : « Vous voulez donc nous « placer entre Rome et Carthage, » j'avais trop raison.

L'Empire romain, que l'on veut substituer bientôt au royaume d'Italie, serait pour nous une autre Angleterre ; il n'est pas possible d'en douter, et la position militaire de l'Italie unie serait encore plus formidable et plus menaçante pour nous ; car il ne faut pas s'y tromper, les rêves ambitieux de l'ancienne Rome germent déjà dans bien des têtes, et la nouvelle Rome aurait ses preuves à faire.

J'ai souvent entendu dire par les hommes qui parlent le plus haut en faveur de l'Italie : « Que craignez-vous pour la France d'un peuple si généralement dépourvu d'énergie ? » Je ne partage en aucune façon cette opinion ; je crois, et personne en Italie ne sera blessé de cet hommage, que les peuples d'Italie, transformés par l'enthousiasme qui leur est propre, s'ils consentaient à devenir les sujets unitaires du Piémontais changé en Romain, deviendraient en peu de temps capables de trop grandes choses pour que nous les encouragions, pour que nous aidions à les transformer.

Non pas que je croie à la durée d'un Empire romain renouvelé ? Non, assurément ; mais notre protection les aurait en peu d'années conduits à un tel développement de puissance, que nous devrions les combattre et défaire ce que nous aurions fait avec tant d'imprudence. J'irai plus loin ; des alliances qui seraient regardées aujourd'hui comme impossibles, l'alliance avec l'Autriche, par exemple, contre l'Italie, deviendraient pour nous une impérieuse nécessité à laquelle nous serions condamnés.

Cette longue Italie, si vulnérable par son extrémité méridionale et par son centre, devrait être, pour notre repos, divisée de nouveau en plusieurs États, pour assurer la France contre ses redoutables entreprises. Mais alors, où l'Italie chercherait-elle ses alliés ? La plus simple intelligence l'indique assez, ses hommes d'État le proclament d'avance. Aussi quels ménagements et quelle préférence ne manifestent-ils pas pour l'Angleterre en toute circonstance ?

Il est vrai de dire que l'Angleterre pourrait peut-être, à son tour, nous trouver unis avec l'Italie contre elle ; mais qu'avons-nous à gagner à cette alternative ? Serait-ce une espérance ou un compensation ? Bien fou qui se livre à de pareils calculs.

Nous ne pouvons échapper, c'est de toute évidence, à la concurrence commerciale que va nous faire l'Italie, qu'elle soit unie ou divisée. Les chemins de fer vont donner à cette terre promise le transit du commerce du Levant. Si l'isthme de Suez devient bientôt le chemin qui unit les Indes et l'extrême Orient à l'Europe, c'est l'Italie surtout qui en profitera, nous ne pouvons pas l'empêcher ; mais si nous l'aidons en même temps à devenir un grand État commercial et militaire, elle absorbera notre puissance et notre commerce dans la Méditerranée. Avons-nous donc intérêt à développer et sa puissance et sa richesse en mettant son commerce sous la protection de nombreuses forces navales ? Personne ignore-t-il que la puissance militaire d'une nation est le plus grand encouragement, la plus grande sécurité pour son commerce maritime, et le moyen le plus certain d'assurer la grandeur d'un peuple.

La France, enlacée par l'Angleterre d'une part et par l'Italie de l'autre, devrait donc bientôt briser violemment ses entraves et défaire au prix des plus grands sacrifices ce que notre imprévoyance aiderait à faire aujourd'hui. Elle devrait, dès à présent, si elle permettait l'unification de l'Italie, doubler ses flottes dans la Méditerranée.

J'entends dire que l'on pourrait par des traités imposer à l'Italie l'obligation de circonscrire ses forces navales ? lui imposer des traités de 1815 ! On ne peut pas s'arrêter à de pareilles pensées si peu sérieuses.

On nous parle de reconnaissance ? Je n'y crois pas, et certes, quand on sait, non pas ce que les journaux disent, car pour cacher la vérité ils lui substituent même des anecdotes mensongères et flatteuses pour la France ; mais quand on sait bien ce qui se passe en Italie, il est impossible de conserver aucune illusion.

Les mécontents sont de bien des genres ; les uns, ils sont fort nombreux, regrettent les gouvernements qu'ils ont perdus ; les autres regrettent leur autonomie ; ceux-ci nous attribuent leur révolution ; ceux-là trouvent que nous n'avons pas assez aidé son développement ; par les uns, la gloire de nos armes est discutée, ils la revendiquent tout entière pour eux ; les autres, nous accusent de l'abandon de la Vénétie, et le siége de Rome en 1849, son occupation, depuis cette époque, sont des reproches qui effacent tout autre sentiment.

Mais, en admettant que les plus raisonnables, les plus éclairés nous soient reconnaissants, que deviendrait leur reconnaissance le jour où leurs intérêts politiques ou commerciaux sur un point ou sur un autre se trouveraient en désaccord avec les nôtres ?

Croit-on que déjà s'ils avaient assez de puissance pour manifester une opposition aux volontés de la France, ils hésitassent un instant ? Qui pourrait le penser ?

Aujourd'hui qu'ils sont sujets piémontais ils hésitent ; mais qui oserait hardiment garantir leur prudence le jour où ils seraient sujets de l'Empire romain ?

Leur antagonisme serait dans la logique des faits, s'ils consentaient à l'unification, si elle se faisait d'un accord unanime ; sur tous les points nous serions en contact, sur toutes les questions nous devrions nous entendre ; serait-il possible de l'espérer, lorsque commercialement nous serions en concurrence perpétuelle, et qu'en politique nous devrions nous prêter à leurs folles aventures ou nous compromettre dans les ardentes combinaisons dont le caractère italien ne peut s'affranchir.

Quel est parmi ces différents peuples celui dont le caractère se distinguerait si l'unité se faisait ; serait-ce le piémontais, le milanais, le vénitien, le toscan, le romain, le napolitain ou le sicilien ? Dans cette babel de nations plus différentes encore par leurs mœurs que par leurs langages, choisissez les qualités et les défauts de chaque peuple et vous les trouveriez transformés le jour où ils consentiraient à devenir sujets de l'Empire romain.

Le caractère général de ces peuples serait la domination cherchant à s'imposer en toute circonstance, et n'écoutant plus rien que l'orgueil des temps qui ne peuvent pas revenir et dont ils se croiraient ou les continuateurs ou les vengeurs.

J'ai dit quels dangers politiques en dehors des intérêts religieux nous faisaient un devoir de ne pas contribuer à la formation de l'unité italienne. Je veux maintenant m'appuyer d'une citation fort curieuse des projets de l'empereur Napoléon Ier sur le Pape Pie VII. Ce sera la meilleure réponse à ceux qui voudraient que le Pape acceptât Victor-Emmanuel comme roi, et consentît à ce que Rome devînt sa capitale, le rôle du Saint-Père étant réduit à celui d'évêque de Rome.

Je recommande cette citation à l'attention et aux méditations des lecteurs sérieux.

MÉMORIAL DE SAINTE-HÉLÈNE

(*Août* 1816 t. v.)

Samedi, 17.

IDÉES RELIGIEUSES DE NAPOLÉON.

Le Pape, dans sa charité chrétienne, car c'est véritablement un bon, doux et brave homme, disait l'Empereur, n'a jamais désespéré de me tenir pénitent à son tribunal ; il en a laissé souvent échapper l'espoir et la pensée. Nous en causions quelquefois gaiement et de bonne amitié. Vous y viendrez tôt ou tard, me disait-il avec une innocente douceur, je vous y tiendrai, ou d'autres si ce n'est moi ; et vous verrez alors quel contentement, quelle satisfaction pour vous-même, etc., etc. En attendant, mon influence sur lui était telle, que je lui arrachai, par la seule force de ma conversation privée, ce fameux concordat de Fontainebleau, dans lequel il a renoncé à la souveraineté temporelle, acte pour lequel il a fait voir depuis qu'il redoutait le jugement de la postérité, ou plutôt la réprobation de ses successeurs. Il n'eut pas plutôt signé, qu'il s'en repentit. Il devait, le lendemain, dîner en public avec moi ; mais dans la nuit il fut malade ou feignit de l'être.

C'est qu'immédiatement après que je l'eus quitté, il retomba dans les mains de ses conseillers habituels, qui lui firent un épouvantail de ce qu'il venait d'arrêter. Si nous eussions été laissés à nous seuls, j'en eusse fait ce que j'aurais voulu ; j'eusse alors gouverné le monde religieux avec la même facilité que je gouvernais le monde politique.

Pie VII est vraiment un agneau, tout à fait un bon homme, un véritable homme de bien, que j'estime, que j'aime beaucoup, et qui, de son côté, me le rend un peu, j'en suis sûr. Vous ne le verrez pas trop se plaindre de moi, ni porter surtout aucune accusation directe et personnelle. Vous ne verrez pas non plus les autres souverains le faire davantage. Peut être des déclamations vagues et banales d'ambition et de mauvaise foi; mais rien de positif et de direct : parce que les hommes d'État savent bien que l'heure des libelles passées, on ne saurait se permettre d'accusation publique sans des preuves à l'appui; or, ils n'auraient rien à produire en ce genre : telle sera l'histoire. Il n'y aura de contraire, au plus, que quelques mauvais chroniqueurs assez bornés pour avoir pris des radotages de coterie, ou des intrigues pour des faits authentiques, ou bien encore les mémorialistes, qui, trompés par les erreurs du moment, seront morts avant d'avoir pu se redresser, etc.

Quand on connaîtra la vérité de mes querelles avec le Pape, on s'étonnera de tout ce qu'il fit souffrir à ma patience; car on sait que je n'étais pas endurant. Lorsqu'il me quitta, après mon couronnement, il partit avec le secret dépit de n'avoir pas obtenu de moi les récompenses qu'il croyait avoir méritées; mais quelque reconnaissance que je lui eusse porté d'ailleurs, je ne pouvais, après tout, trafiquer des intérêts de l'Empire, pour l'acquit de mes propres sentiments; et puis j'étais trop fier pour sembler avoir acheté ses complaisances.

A peine eut-il le pied sur le sol italien que les intrigants, les brouillons, les ennemis de la France, profitèrent de ses dispositions pour s'en saisir; et dès cet instant tout fut hostile de sa part. Ce n'était plus le doux, le paisible Chiaramonti, ce bon évêque d'Imola, qui s'était proclamé de si bonne heure digne des lumières de son siècle. Sa signature n'était plus apposée qu'à la suite d'actes tenant bien plus des Grégoire et des Boniface que de lui. Rome devint le foyer de tous les complots tramés contre nous. J'essayai vainement de le ramener par la raison, il ne m'était plus possible d'arriver jusqu'à ses sentiments. Les torts devinrent si graves, les insultes si patentes, qu'il me fallut bien agir à mon tour. Je me saisis donc de ses forteresses, je m'emparai de quelques provinces, je finis même par occuper Rome, tout en lui déclarant et en observant strictement qu'il demeurerait sacré pour moi dans ses attributions spirituelles, ce qui était loin de faire son compte.

Cependant il se présenta une crise, on crut que la fortune m'abandonnait à Essling; et aussitôt on fut prêt à Rome pour soulever la population de cette grande capitale. L'officier qui y commandait ne crut pouvoir échapper au danger qu'en se défaisant du Pape, qu'il mit en route pour la France. Un tel événement s'était opéré sans ordres, et même il me contrariait fort. J'expédiai donc sur-le-champ pour qu'on fît demeurer le Pape où on le rencontrerait, et on l'établit à Savonne, où on l'entoura de soins et d'égards ; car je voulais bien me faire craindre, mais non le maltraiter ; le soumettre, mais non l'avilir ; j'avais bien d'autres vues ! Ce déplacement ne fit qu'accroître le ressentiment et les intrigues. Jusque-là la querelle n'avait été que temporelle ; les meneurs du Pape, dans l'espoir de relever leurs affaires, la compliquèrent de tout le mélange du spirituel. Alors il me fallut le combattre aussi sur ce point ; j'eus mon conseil de conscience, mes conciles, et j'investis mes Cours impériales de l'appel comme d'abus, car mes soldats ne pouvaient plus rien à tout ceci ; il me fallait bien combattre le Pape avec ses propres armes. A ses érudits, à ses ergoteurs, à ses légistes, à ses scribes, je devais opposer les miens.

Il y eut une trame anglaise pour l'enlever de Savonne : elle me servait ; je le fis transporter à Fontainebleau ; mais là devait être le terme de ses misères et la régénération de sa splendeur. Toutes mes grandes vues s'étaient accomplies sous le déguisement et le mystère, j'avais amené les choses au point que le développement en était infaillible, sans nul effort et tout naturel. Aussi voit-on le Pape le consacrer dans le fameux concordat de Fontainebleau, en dépit même de mes revers de Moscow. Qu'eût-ce donc été si je fusse revenu victorieux et triomphant ? J'avais donc enfin obtenu la séparation tant désirée du spirituel d'avec le temporel, dont le mélange est si préjudiciable à la sainteté du premier, et porte le trouble dans la société au nom et par les mains même de celui qui doit en être le centre d'harmonie ; et, dès-lors, j'allais relever le Pape outre mesure, l'entourer de pompe et d'hommages ; je l'eusse amené à ne plus regretter son temporel, j'en aurais fait une idole ; il fut demeuré près de moi ; Paris fut devenu la capitale du monde chrétien, et j'aurais dirigé le monde religieux ainsi que le monde politique. C'était un moyen de plus de resserrer toutes les parties fédératives de l'Empire et de contenir en paix tout ce qui demeurait en dehors. J'aurais eu mes sessions religieuses comme mes sessions législatives ; mes conciles eussent été la représentation de la chrétienté, les Papes n'en eussent été que les présidents ; j'eusse ouvert et clos ces assemblées, approuvé et publié leurs décisions, comme l'avaient fait Constantin et Charlemagne ; et si cette suprématie avait échappé aux empereurs, c'est qu'ils avaient fait la faute de laisser résider loin d'eux les chefs spirituels, qui ont profité de la faiblesse des princes, ou de la crise des événements, pour s'en affranchir et les soumettre à leur tour.

Mais, reprit l'Empereur, pour en arriver là, j'avais dû manœuvrer avec beaucoup d'adresse, déguiser surtout ma véritable pensée, et donner tout à fait le change à l'opinion ; présenter à la pâture publique des petitesses vulgaires, afin de lui mieux dérober l'importance et la profondeur du but secret.

Aussi était-ce avec une espèce de satisfaction que je me voyais accusé de barbarie envers le Pape, de tyrannie en matière religieuse. Les étrangers, surtout, me servaient à mon gré, en remplissant leurs mauvais libelles de ma mesquine ambition, qui, selon eux, avait eu besoin de dévorer le misérable patrimoine de saint Pierre, etc., etc. Mais je savais bien, qu'en résultat, on me reviendrait au dedans, et qu'au dehors on ne serait plus à même d'y remédier. Que n'eût-on pas fait pour le prévenir, si l'on eût deviné à temps ; car quel empire désormais sur tous les pays catholiques, et quelle influence sur ceux même qui ne le sont pas, à l'aide des membres de cette religion qui s'y trouvent répandus, etc., etc.

L'Empereur disait que cet affranchissement de la cour de Rome, cette réunion légale, la direction religieuse dans la main du souverain, avaient été longtemps et toujours l'objet de ses méditations et de ses vœux. « L'Angleterre, la Russie, les couronnes du Nord, une partie de l'Allemagne la possèdent, disait-il ; Venise, Naples en avaient joui : on ne saurait gouverner sans elle ; autrement une nation est à chaque instant blessée dans son repos, sa dignité, son indépendance. Mais c'était fort difficile, ajoutait-il ; à chaque tentative j'en voyais le danger. Je pouvais juger qu'une fois embarqué la nation m'eût abandonné. J'ai plus d'une fois sondé l'opinion, essayé de la provoquer ; mais en vain, et j'ai pu me convaincre qué je n'eusse jamais eu la coopération nationale, etc., etc. »

Après avoir lu les paroles de l'Empereur à Sainte-Hélène, ces paroles dites quand nul projet d'avenir, nulle ambition du lendemain ne pouvait se faire jour, comprend-on maintenant l'immense danger que ferait courir à l'Europe un souverain puissant, réunissant à la force de ses armées la force morale du chef des consciences de 200 millions d'hommes. Voit-on ce qu'un grand génie, une grande ambition, un grand caractère pourraient vouloir faire d'un pape ?

Ces rêves ambitieux, mais si profondément calculés de

Napoléon Ier, n'ont pas été accomplis; Dieu ne l'a pas voulu.

Dieu ne le voudra pas pour le roi Victor-Emmanuel; mais est-il un homme de bonne foi qui puisse mettre en doute l'immense prépondérance d'un roi d'Italie disposant du Pape pour l'exécution de ses desseins.

Ce pape, quel qu'il fût, mais Italien, ne serait-il pas tenté de grandir encore la puissance de sa patrie en lui donnant le caractère religieux qui ferait de Rome la capitale du monde politique, quand elle est déjà la capitale du monde catholique.

Oh ! alors des schismes diviseraient bientôt le monde, et je le disais l'année dernière : *« Quand un catholique se trouverait placé entre son patriotisme et sa foi, quelle est celle des deux causes qu'il devrait trahir ? »*

La France, à aucun prix, ne doit donc admettre les combinaisons diverses présentées par le Piémont ou proposées en son nom, et qui toutes concluent à l'abandon de Rome comme puissance temporelle.

Tout a été dit sur l'impossibilité morale, politique et religieuse, de l'occupation en commun de Rome par le Pape, sans pouvoir temporel, et un souverain dont il serait en réalité le sujet.

Il y a des absurdités telles que leur énoncé sert de démonstration.

Les Empereurs Romains l'avaient justement pensé; ils ne pouvaient régner à Rome en même temps que le Pape, et, bien que le pouvoir temporel du Souverain-Pontife ne fût pas établi comme il l'a été depuis, celui qui, par notre dogme catholique, a le droit de lier et de délier sur la terre tout ce qui unit l'homme à Dieu, tout ce qui est du domaine de la conscience, même des rois et des empereurs dans les questions de foi, ne pouvait être le sujet d'un souverain auquel ses hommages devraient être adressés.

Il n'y a pas d'égalité possible entre deux situations si distinctes, il n'y a que la rivalité; d'un côté, la force morale; de l'autre, la force brutale. — La première ne peut être soumise à l'autre sans qu'à l'instant même le respect qui doit l'entourer, l'obéissance due à ses décisions comme chef de l'Église ne soient détruits.

Il n'y aurait donc pas de vie, de durée possible à une situation pareille; la force morale doit faire retirer devant elle la force brutale, ou celle-ci doit imposer sa volonté, et, par conséquent, asservir la première.

Si nous interrogeons l'histoire, nous trouverons souvent des luttes entre le gouvernement de Rome et la France; mais jamais, en aucune circonstance, la France n'a voulu détruire l'indépendance et la souveraineté du Saint-Siége.

Ah! les paroles du premier Empereur que j'ai citées prouvent une exception; mais, en appréciant les motifs de ses fatales combinaisons, en se rendant compte de la triste expérience qui s'en est suivie, on doit trouver que l'exemple n'est pas de nature à donner la tentation de faire de pareilles épreuves.

V.

La France est donc intéressée, politiquement et religieusement, à ce que le pouvoir temporel du Pape soit conservé : religieusement, pour éviter un schisme inévitable, si le Pape, obligé de quitter Rome, se réfugiait sous la protection d'une puissance qui comprendrait la force que lui donnerait son hospitalité; parti extrême et dangereux pour la foi, car qui pourrait répondre alors des extrémités auxquelles, sans l'avoir prévu, sans le vouloir, pourrait être entraîné le gouvernement de la France, qui, par son consentement à la chute du pouvoir du Saint-Siége, aurait pris la responsabilité des événements de toute nature, des résistances actives ou passives qui surgiraient de toutes parts.

La France est intéressée politiquement, tout le prouve. Demandons-nous ce que deviendrait l'influence catholique de la France dans l'univers, cette influence qui nous donne, même en Chine, une situation égale à celle de l'Angleterre, malgré notre infériorité commerciale comparative, et ne serions-nous pas exposés au juste mépris de toutes les nations, si nous abandonnions le Chef de notre religion et Rome, la ville éternelle, la ville des martyrs, la sainte résidence des Souverains-Pontifes.

Oh! je le sais, il est une école nouvelle que de pareilles pensées n'arrêtent pas : elle proclame le Christ, mais elle en fait un philosophe ; elle se dit Catholique, mais elle nie l'Église, ses dogmes, sa tradition, ses enseignements, et même son utilité. Elle ne lui trouve que des ridicules et des dangers, et, à ses yeux, elle asservit le genre humain.

S'arrêtant uniquement aux faits qui, depuis dix-huit siècles ont pu assombrir l'histoire de l'Église, cherchant à tout dénaturer, ou tout au moins à exagérer toujours, ses adeptes ne tiennent aucun compte de la fragilité humaine, ni des circonstances, ni des temps, et ils condamnent sans hésitation le catholicisme, au lieu de convenir, avec tous les philosophes, tous les savants, tous les grands historiens de l'univers, que la liberté a été donnée au monde par le Christianisme, dont le catholicisme est la forme la plus régulière, la plus traditionnelle, la moins contestable ; que son unité en fait un merveilleux ensemble par le dogme, tout en laissant, par *le libre arbitre*, à l'homme toute sa dignité. Il est vrai, et c'est sa force, comme son honneur et sa puissance, l'Église catholique a des dogmes invariables ; mais elle a des règles variables ; elle s'accommode de toutes les formes de gouvernement.

Napoléon Ier, Premier Consul, le proclamait ainsi, en s'adressant aux curés de Milan, qu'il voulait ramener à la cause de la France :

DISCOURS DE BONAPARTE, PREMIER CONSUL, AUX CURÉS DE MILAN.

J'ai désiré vous voir ici tous rassemblés, uniquement pour avoir le plaisir de vous faire connaître moi-même mes sentiments sur la religion catholique, apostolique et romaine.

Persuadé qu'elle est la seule qui puisse former le bonheur d'une société quelconque bien ordonnée, et consolider les bases de tout bon gouvernement, je vous assure, que dans tous les temps et par tous les moyens, j'en serai toujours le protecteur et le défenseur. Je vous regarde, vous qui êtes les ministres de cette religion, qui est aussi la mienne, comme mes plus chers amis ; je vous déclare que je saurai punir exemplairement avec les peines les plus rigoureuses, et, s'il en est besoin, même par la mort, comme perturbateur du repos public, tous ceux qui feront la moindre insulte à votre religion et *à la mienne,* et qui oseront de quelque manière que ce soit mépriser vos personnes sacrées.

Mon intention expresse est que la religion chrétienne, catholique et romaine, soit conservée dans sa pleine vigueur et dans la possession totale de cet exercice *libre et public* où elle se trouvait lorsque je parus pour la première fois dans ces heureuses contrées. Quelque atteinte qu'on y ait donnée, dans le temps de mon premier séjour en Italie, surtout par rapport à la discipline, le tout est arrivé malgré moi et contre mon inclination.

Simple agent d'un gouvernement qui ne se mettait nullement en peine de la religion catholique, je ne pouvais alors empêcher ces désordres que l'on voulait absolument introduire à son désavantage. Revêtu à présent d'une plénitude de pouvoirs, je suis résolu à mettre en œuvre tous les moyens que je connaîtrai les plus propres à défendre et à soutenir cette même religion.

Les modernes philosophes se sont efforcés de persuader à la France que la religion catholique est ennemie implacable de tout système démocratique, de tout gouvernement républicain : de là a pris son origine cette fière persécution que la République française fit à la religion et à ses ministres, et de là vinrent de même, toutes les horreurs auxquelles cette nation malheureuse s'est trouvée en proie.

La diversité d'opinion n'eut pas peu de part à ces désordres. A l'époque de la révolution, elle dominait dans la France, qui n'était d'ailleurs que trop divisée en différentes sectes sur le point de la religion.

L'expérience a détrompé les Français et les a convaincus que la religion catholique est celle qui, plus que toute autre, s'adapte à un genre de gouvernement quelconque, et qu'elle développe d'une manière spéciale les principes et soutient les droits du gouvernement démocratique républicain.

Je suis philosophe, moi aussi, et je connais que dans une société quelconque, un homme ne peut être ni honnête ni juste, s'il ne sait d'*où il vient* et *où il va.*

La raison ne suffit point pour lui procurer cette lumière. Sans la religion tout homme est obligé de marcher toujours dans les ténèbres. La seule religion catholique est celle qui, à la clarté infaillible de son flambeau, découvre à l'homme son *origine* et *son terme.* Une société quelconque ne peut subsister sans morale, et il ne peut y avoir de bonne morale là où la religion n'existe pas : ce n'est donc que de la religion que toute société peut tirer son appui.

Une société sans religion est semblable à un vaisseau sans boussole ; et comme un vaisseau sans boussole est toujours incertain sur la route qu'il tient, et est privé de l'espérance d'entrer dans le port, ainsi une société sans religion est toujours agitée et secouée par le tourbillon des passions les plus furieuses, et se trouve perpétuellement en proie aux fureurs d'une guerre intestine qui la précipite dans un abîme de maux qui tôt ou tard la conduit nécessairement à périr.

La France, instruite par ses propres calamités, a finalement ouvert les yeux, et s'attachant à cette ancre qui seule pouvait la sauver au milieu de la tempête, elle a rappelé de nouveau dans son sein la religion catholique.

Je dois avouer que, de mon côté, j'ai beaucoup contribué à cette belle œuvre : je vous assure qu'en France les églises sont de nouveau ouvertes, que la religion catholique reprend son ancienne splendeur, que le peuple français regarde avec respect ces pasteurs sacrés, qui, pleins de zèle, retournent au milieu de leur troupeau qu'ils avaient été forcés d'abandonner.

Il ne faut pas que l'évènement du Souverain-Pontife défunt vous tienne en appréhension : le malheur de Pie VI doit être, en partie, imputé aux manéges des personnes à qui il avait donné sa confiance, et en partie aussi à la politique cruelle du Directoire français. Quand je pourrai avoir une entrevue avec le nouveau Pape, j'espère que j'aurai l'avantage de lever tous les différends qui tiennent encore en suspens la réconciliation de la France avec le Souverain-Pontife.

Je n'ignore pas non plus les vicissitudes que vous avez éprouvées. Je sais combien vous avez souffert dans vos personnes et dans vos biens.

Vos personnes, je vous le répète, seront à l'avenir respectées et sacrées. Quant à vos biens, aussitôt que la chose sera possible, je ne manquerai pas de donner les ordres convenables pour qu'ils vous soient rendus, du moins en partie, et je ferai en sorte que vous soyez assurés, d'une manière solide, d'un traitement convenable et décent pour votre entretien.

Tels sont les sentiments que je voulais vous manifester personnellement à vous aussi, par rapport à la religion catholique, apostolique et romaine.

Je désire que ces sentiments soient recueillis par vous, arrangés et publiés avec mon approbation par le moyen de l'impression, de manière qu'ils soient connus, non-seulement à l'Italie, à la France, mais en même temps à l'Europe tout entière.

Lorsque ce discours fut fini, un vénérable vieillard, doyen de l'assemblée, eut le courage de répondre au Premier Consul :

« Les promesses que vous nous faites sont magnifiques, il reste à savoir comment les faits y répondront. »

VI.

Si j'admets pour un instant et contre ma pensée intime, car j'ai une entière confiance dans les déclarations faites au nom de l'Empereur, si j'admets que Rome puisse être livrée aux Piémontais, la France devrait se faire la protectrice encore plus immédiate du roi de Piémont, non-seulement contre l'Autriche, comme aujourd'hui, mais contre ses nouveaux sujets.

Mais alors, si roi de Rome, Victor-Emmanuel, avait le sort de Tarquin le Superbe ; si, Empereur des Romains, il avait le sort de Romulus Augustule, que devrait faire la France ? Laisserait-elle la démagogie faire de Rome le foyer de ses sanglantes saturnales, et porter dans le monde les arrêts de ses proconsuls ou d'un Vieux de la Montagne ?

Non, assurément ; elle devrait aussitôt envoyer ses flottes et ses armées pour chasser de la Ville Éternelle ceux que notre faiblesse ou notre erreur auraient aidé à s'en rendre maîtres.

La victoire obtenue, qui replacerions-nous au Vatican ? Serait-ce le Souverain-Pontife que nous aurions abandonné et livré ?

Serait-ce un prince piémontais, dont nous ferions la restauration après l'avoir aidé à usurper la couronne des souverains-pontifes ?

Voilà cependant l'alternative.

Ainsi donc, *fatalement,* si nous livrions Rome aux Piémontais, nous devrions les défendre contre les Italiens. Singulier rôle que celui qui serait fait à la France.

Et qui pourrait traiter de chimériques de pareilles prévisions, en présence de ce qui se passe ?

Notre devoir est tout tracé, l'Empereur l'a dit en maintes occasions, il l'a fait déclarer officiellement par ses ministres aux deux Chambres, cette année : notre devoir est de ne pas abandonner la souveraineté du Saint-Père et de conserver Rome.

M. Bonjean, tout en affirmant qu'il défendait la Papauté dans l'habile oraison funèbre qu'il a voulu lui faire en se posant en théologien assurément fort contesté et fort contestable, disait au Sénat :

Il y a certains points essentiels sur lesquels nous semblons tous d'accord et qu'il convient de tirer hors ligne.

1° Nous voulons tous que l'arrangement à intervenir assure au Souverain-Pontife : sureté, dignité, indépendance ;

2° Nous reconnaissons tous que le Pape ne doit être le sujet d'aucun prince,

3° Presque tous aussi, je le crois, nous pensons que Rome doit continuer à être la résidence inviolable de la Papauté.

Mais, d'accord sur le but, nous différons sur les moyens.

Et le prince Napoléon qui, l'année dernière, avait proposé de partager Rome en deux parts, l'une pour le Saint-Père, l'autre pour le roi son beau-père, ne nous a plus rien proposé cette année. Il a reconnu l'impossibilité de sa combinaison, et ne s'est plus occupé de ce que deviendrait le Pape si Rome était livrée aux Piémontais. La question valait cependant la peine de s'y arrêter. Quelques paroles éloquentes de l'honorable M. Billault, parlant au nom de l'Empereur, devant le Sénat, doivent être rappelées, comme un profond enseignement pour ceux qui ne les ont pas méditées. L'hypothèse du ministre est que Rome est abandonnée, ainsi que le demande un illustre orateur. Il continue :

Le Pape est fugitif. Croyez-vous que l'Europe n'en sera pas profondément troublée? que les agitations religieuses ne contribueront pas aux agitations matérielles? que cette grande puissance morale restera elle-même inactive? qu'elle ne remuera pas les esprits, qu'elle n'agitera pas les consciences, et que des souverains plus ou moins ambitieux, plus ou moins sensibles à leurs griefs passés, ne chercheront pas à exciter et à utiliser ces agitations au profit de leurs combinaisons politiques?

Ne voyez-vous pas là un brandon enflammé tout prêt pour la main qui voudra mettre le feu aux affaires de ce monde? tout cela assurera-t-il bien la paix de l'Italie, de la France, de l'Europe?

Ces grandes forces morales qui jouent dans le monde un rôle immense, qui ont une puissance énorme, universelle, ne se suppriment pas ainsi; elles ne sont pas tout dans les affaires humaines, mais elles y ont une influence redoutable, et il faut savoir en tenir compte. Très-bien! très-bien!)

Croyez-vous d'ailleurs que les puissances catholiques qui nous ont proposé de protéger avec nous le Saint-Père auront abjuré leurs sentiments, en même temps que nous aurons abjuré les nôtres? Je n'admets pas que, violant le principe de non-intervention, sans souci de la France, elles se précipitent immédiatement sur l'Italie. Mais cependant, en vertu de quel droit sommes-nous à Rome? N'est-ce pas par une violation exceptionnelle de ce principe de non-intervention que nous avons fait prévaloir dans le reste de l'Italie? De graves motifs d'ordre supérieur ont motivé cette exception; mais quelle grâce aurons-nous envers ces puissances à leur dire : J'ai protégé le Pape pendant dix ans, mais je ne le protége plus; et moi qui le protégeais hier, je vous défends de le protéger aujourd'hui. (Très-bien! trèsbien! bravo! Applaudissements. Sensation prolongée.)

Avant d'adopter cette résolution radicale, il est bon, vous le voyez, d'en prévoir les conséquences. Le gouvernement de l'Empereur est un gouvernement profondément libéral, mais profondément prudent. Il désire modifier bien des choses de ce monde; il n'en précipite aucune et il tient compte de toutes les difficultés.

Donc ni réaction ni évacuation : il n'y a de possible que de transiger, et s'il le faut, pour y amener les intérêts opposées, ne nous lassons pas et sachons attendre.

Est-ce que cela serait impossible?

Non, ce n'est pas impossible, mais j'essayerai de démontrer combien c'est difficile et combien ce serait d'une durée éphémère.

Ce que j'ai voulu prouver, c'est que le catholicisme n'exclut aucune forme de gouvernement et que tout le monde semble d'accord sur l'impossibilité d'abandonner Rome.

VII.

Je n'entreprendrai pas de faire encore ici l'histoire de ces dernières années ; je veux parler de la situation de l'Italie dans le moment où j'écris ; tout le monde sait par quelles trahisons de tous genres, par quelles violations du droit des gens on est arrivé à créer l'état actuel de ce malheureux pays.

Mais quelle est donc la situation morale et politique des possessions nominales du roi Victor-Emmanuel ?

Le Piémont proprement dit doit être mis hors de question, bien qu'il soit aussi, mais moins que l'État de Gênes, travaillé par les sociétés démagogiques. Examinons quel est l'esprit qui domine l'Italie après les révolutions successives qui ont renversé tous les trônes et détruit l'autonomie des différents États, et voyons si les institutions monarchiques peuvent être rétablies par la révolution précédant ou suivant le monarque qu'elle a nommé roi d'Italie un peu prématurément.

Tous les souvenirs de l'Italie sont républicains. En effet, à partir du temps des Grecs et des Osques, nous ne voyons que des républiques en Italie. Nous les retrouvons sous les Étrusques, unies entre elles par le lien de la confédération ; et les Empereurs ne parvinrent à maintenir sous le même joug les différentes provinces de la Péninsule, qu'en laissant à chacune d'elles sa propre autonomie et le droit de se gouverner en république relevant de l'Empire.

La même forme de gouvernement se reproduit au moyen âge et dans les temps modernes ; et l'on observe constamment que les grandes aspirations des Italiens n'ont jamais eu d'autre but que, soit de refaire l'Empire romain, soit de renouveler la gloire des républiques italiennes de l'antiquité, et de ce même moyen âge qui, quoi qu'on en dise, ne sortira jamais de l'esprit et du cœur des Italiens.

Aujourd'hui, allez en Lombardie, et vous entendrez tous les Lombards rappeler leurs villes libres et la ligue de Pontide. Parcourez la Ligurie, et chaque Ligurien se montrera fier de sa république de Gênes. Passez en Toscane, vous y trouverez Pise, Lucques, Florence, Sienne, gardant toujours le souvenir de la grande époque de leurs gouvernements populaires. Visitez la Romagne : Bologne et les autres villes de ce pays ne sont pas animées d'un autre esprit que la Toscane. Quant à l'Ombrie, elle se souvient avec passion de ses républiques de Pérouse, de Foligno, de Spolette, et les Marches vous parleront toujours de la prospérité et de la légitimité de la république d'Ancône.

À Rome, la république serait plus possible qu'une monarchie allobroge.

Dans le royaume de Naples, nous trouvons les habitants des Abruzzes instruits du degré de prospérité qu'avaient atteint ces provinces, lorsque au moyen âge l'Aquila était une espèce de république relevant à peine des rois napolitains.

Nous trouvons dans la Campanie le souvenir toujours vivant de la grandeur de ses républiques grecques et des autres plus récentes, de Naples, de Gaëte et de Sorrente.

Dans la Lucanie, personne n'ignore l'ancienne puissance d'Amalfi, de ce refuge des derniers Romains, qui, par son commerce, ouvrit à l'Europe les voies de l'Orient et montra le chemin de la gloire à Pise, à Venise et à Gênes.

Dans l'Apulie, chaque pierre vous rappelle la grandeur de Tarente et de Brindes, la splendeur des républiques byzantines de Bari et de Trani.

Dans les Calabres, les esprits sont encore plus républicains que du temps où Cosenza, Reggio, Santa-Séverina avaient des gouvernements populaires, ne tolérant qu'un modeste magistrat envoyé par les Empereurs d'Orient sous le titre de nonce.

Cet esprit républicain ne fut endormi en Italie que par la création et la localisation de grands intérêts matériels, par le luxe qu'étalèrent des cours splendides, par l'action des conquérants ou des grands hommes politiques.

Pour empêcher les Italiens d'être républicains, il faut qu'il y ait les Normands à Naples, les Polenta et les Manfred dans les Marches, les Bentivoglio à Bologne, les Petrucci à Sienne, les Médicis à Florence, les Baglioni à Pérouse, les d'Este à Ferrare et à Modène, les Farnèse à Parme, les Torriani, les Visconti, les Sforza à Milan, etc., etc.

En effet, à chaque changement intérieur de ses différents États, la première idée qui se présente au peuple est celle de se reconstituer en république.

À la mort de Jean Galeas, très-puissant duc de Milan, les Milanais proclamèrent immédiatement la république.

Lorsque Jean Bentivoglio fut battu par Jules II, le peuple de Bologne s'empressa de relever l'étendard de la république.

Dès que les Napolitains eurent chassé les Espagnols, ils adoptèrent le gouvernement républicain, et, en choisissant comme chef un prince français, le duc de Guise, ils voulurent prouver la sympathie fraternelle que le peuple napolitain a toujours eue pour la France.

Nous avons vu Milan, en 1848, à peine délivrée de la domination autrichienne, se soumettre à regret au gouvernement piémontais, tandis que Venise proclamait hardiment la forme républicaine ; et aussitôt après les déroutes de Custoza et de Novarre, nous vîmes encore Milan se révolter contre les Piémontais, et Gênes combattre pour faire revivre son ancienne république.

Cette légitimité de la République en Italie a été en quelque sorte reconnue même par les princes.

En effet, lorsque par la mort de Jean Gaston, la dynastie des Médicis s'éteignit en Toscane, ce prince, au lieu de léguer son héritage à la famille de Lorraine, donna par son testament au peuple florentin le droit de se constituer en république.

En Sicile seulement, il n'y avait ni traditions ni tendances républicaines, parce que cette île a traversé tout le moyen âge sous la forme monarchique ; mais la gloire d'y créer cet esprit nouveau était réservée à la maison de Savoie et au gouvernement de la révolution piémontaise. La vérité de ces paroles a été bien prouvée par le soulèvement de Castellamare (de Sicile), qui a été presque entièrement républicain, et où l'on n'a vu flotter au vent que des drapeaux rouges ou blancs, au nom des deux partis qui existent dans l'Italie méridionale à l'exclusion de tout autre.

Aujourd'hui sur les cendres de Castellamare, ville de quatorze mille âmes, en présence de ces horribles massacres accomplis par les Piémontais, chaque Sicilien n'aspire qu'à chasser ces étrangers et à se constituer en république, sous la protection anglaise, s'il était prouvé que la restauration du roi ne fût pas possible.

Dans le royaume de Naples, on ne peut être que pour le roi ou républicain. Ce n'était pas Cialdini qui régnait à Naples ; ce n'est ni la Marmora ni le Piémont qui y dominent à présent ; c'est la société mazzinienne des ouvriers qui y fait la loi.

Dans les Calabres, les comités républicains exercent l'autorité du gouvernement en dehors des préfectures. Ils administrent la justice ; ils imposent des transactions dans tous les procès civils ou criminels ; ils prélèvent des impôts sur les propriétaires et sur les masses pour la caisse de la révolution italienne. Qui ne connaît pas les associations mazziniennes des Abruzzes, des Marches, de la Romagne, de la Ligurie et de la Lombardie ? Qui peut ignorer que ces sociétés font tous les jours de nouvelles recrues pour ranimer et armer de nouveau la révolution destinée à marcher sur Rome et sur Venise ? Mais, cette fois, la révolution jettera son masque ; je dirai même qu'elle l'a déjà jeté ; et qu'elle se montre ce qu'ont été, et ce que seront toujours toutes les révolutions italiennes, c'est-à-dire une révolution républicaine !

Vous rappelez-vous l'enthousiasme d'il y a deux ans pour Victor-Emmanuel ?

Parcourez maintenant la Péninsule d'une extrémité à l'autre, et vous y trouverez à peine un seul homme qui crie : « Vive Victor-Emmanuel ! » Le nom du roi galant homme y est bien prononcé quelquefois, mais avec un sentiment que je ne veux pas qualifier.

On envoie à la Chambre comme députés les anciens chefs de la république toscane, tels que Guerrazzi et Montanelli, les triumvirs de Rome, Saffi et Saliceti ; les meneurs du parti mazzinien dans les provinces du nord et du midi, tels que Nicotera. Muselino, Mordini, Crispi, de Bono, Fabrizzi, Pancaldo, le régicide Mariotti, Miceli et le chef de l'insurrection génoise Avezzano, et tant d'autres.

Les députés républicains, à leur retour à Naples, sont toujours fêtés et applaudis, tandis que ceux que l'on considère comme partisans de la domination piémontaise sont sifflés et obligés de se dérober à la colère du peuple.

Lorsque le député Ricciardi, de l'extrême gauche, s'est rendu dernièrement à Foggia, le peuple a voulu dételer les chevaux de sa voiture et le porter en triomphe.

En même temps, le préfet, qui représente dans la province le gouvernement piémontais, se montrait au théâtre, et les huées de la foule le forçaient à se cacher au fond de sa loge.

Chaque nouvelle élection vient augmenter le nombre des républicains avoués siégeant à la Chambre ; et tous ceux qui auront jugé insuffisantes nos observations sur le caractère des Italiens ne pourront certainement se refuser à admettre que l'augmentation progressive du parti républicain au sein de l'Assemblée nationale est la preuve la plus concluante de la vérité de ce que je viens de dire relativement aux tendances et aux aspirations républicaines de l'Italie.

Le royaume de Naples se trouve dans une situation particulière; de toutes parts surgissent des bandes armées; elles protestent contre le Piémont, qui cherche à en faire la conquête; Soixante mille hommes ne suffisent pas à maintenir les populations indignées.

Le duc de Maddaloni, député au Parlement de Turin, proteste contre la tyrannie des oppresseurs de sa patrie, et je lis dans son énergique et si éloquente protestation ces paroles qui remplissent d'horreur :

Que le sang de cette guerre fratricide retombe sur ceux qui l'ont provoquée et qu'il les étouffe, parce que c'est le sang de plus de vingt mille hommes tombés, soit dans la lutte, soit dans les exécutions qui ont frappé les prisonniers, les suspects ou les accusés injustement; c'est le sang de treize villes innocentes livrées au pillage et à l'incendie. Ces coupables ont fait naître et ont fécondé l'insurrection, sans s'en inquiéter, parce qu'ils croyaient pouvoir la dompter par le *terrorisme*, et c'est sous le *terrorisme* qu'elle a grandi. C'est ainsi que l'on parvient à corrompre le seul bien dont pouvait se vanter le Piémont, c'est-à-dire l'armée piémontaise; car malheur à l'armée que les nécessités de la guerre civile poussent au pillage, à des actes de vengeance et à la cruauté.

Ma raison se perd et ma main tremble, lorsque je pense aux cruautés qui donneront une terrible célébrité à l'histoire de cette révolution, et que je me propose de raconter dans un autre ouvrage, en y joignant comme preuves les documents nécessaires, aussitôt que les haines des partis seront calmées. Les gens inoffensifs frappés dans cette guerre sont bien plus nombreux que les hommes tombés les armes à la main, et bien des familles sans pain ni toit errent dans la campagne ou s'abritent comme les bêtes fauves dans les cavernes et les souterrains; bien des orphelins s'en vont chercher les restes de leurs parents, morts au milieu des flammes de leur bourg, fusillés par les Piémontais, ou décédés dans les prisons qui renferment des milliers de suspects entassés, et qui les tuent par la fièvre ou par les autres maladies engendrées par leur atmosphère malsaine et raréfiée.

Les crimes commis pendant cette guerre civile nous font presque rougir de la forme humaine dont nous sommes revêtus. Nos concitoyens sont fusillés sans forme de procès, sur l'accusation d'un ennemi, ou sur le simple soupçon d'avoir donné du pain ou un abri à des insurgés. Les soldats piémontais mènent les prisonniers au supplice en leur refusant les dernières consolations de la foi, et à plusieurs blessés on a refusé jusqu'à l'aide d'un chirurgien, en les laissant mourir dans les horribles tortures du tétanos. On a pris dernièrement à Caserte deux de ceux que l'on appelle des brigands, et on les a gardés pendant deux jours en prison sans leur donner rien à manger. Ils demandaient à grands cris : «Du pain! du pain! » et personne ne leur répondait. A la fin, la porte de l'horrible prison s'ouvre, et lorsque ces malheureux y accourent, dans l'espoir d'avoir du pain, on les saisit, on les mène dans la cour et on les fusille.

On a proclamé une amnistie, et, sur la foi de cette amnistie, un paysan de Livardi, nommé François Russo, blessé à la hanche, était revenu vivre tranquillement auprès de sa femme et de ses enfants. Ses amis lui dirent de se cacher et de ne pas ajouter foi aux proclamations de Pinelli; mais il répondit qu'il était impossible qu'un militaire d'honneur manquât à sa parole. Ces mots n'étaient pas achevés que des soldats piémontais avaient déjà forcé l'entrée de sa maison, et, s'étant emparés de lui, ils le conduisirent à Nola, où il fut fusillé. On avait promis la vie sauve à ceux qui se présenteraient; un paysan de la campagne de Nola, appelé Luigi Settembre et surnommé *le Carletto*, cédant aux prières de ses vieux parents, dont il était le seul enfant et l'unique soutien, alla se présenter. Il fut cruellement fusillé ni plus ni moins que si on l'avait pris dans la lutte. Ses malheureux parents, auxquels le remords a enlevé la raison, errent aujourd'hui à travers champs en état de folie.

Sur l'invitation d'un assassin de la commune de Somma, le capitaine comte del Bosco s'y rendit subitement et s'empara de six citoyens pacifiques, parmi lesquels il y avait un jeune homme de vingt ans, officier de la garde nationale et marié depuis quelques jours à une jeune et jolie femme; il les fit tous fusiller sur la place publique sans forme de jugement et sans les secours de la religion.

Le général Manhès, dont le nom fait horreur même aux partisans les plus inflexibles de la révolution française, lorsqu'il combattait contre les brigands calabrais, n'en faisait exécuter aucun sans le faire juger régulièrement. Hélas! on dira un jour que des soldats italiens ont été plus cruels qu'un Manhès, qui était pourtant étranger! Près de Lecce, on prenait treize soldats bourbonniens débandés, lesquels n'avaient que sept fusils; on espérait que quelqu'un d'entre eux serait épargné; mais non, ils furent fusillés tous les treize. Dernièrement, à Montegiffoni, quatre-vingts insurgés furent faits prisonniers, et on en fusilla quarante-sept.

L'insurrection de Montefalcione une fois domptée, cinquante rebelles espéraient échapper au massacre en se réfugiant dans l'église ; mais les soldats piémontais enfoncent les portes, y pénètrent, et les malheureux sont égorgés dans la maison même de Dieu. Sur le Gargano, un grand nombre de charbonniers ont été pris à tort pour des brigands, et on les a fusillés sous les yeux même de leurs femmes et de leurs enfants, et près de leurs fournaises. Plusieurs d'entre eux ont été conduits à Naples en triomphe, et alors on s'aperçut que ce n'étaient que de pauvres pacifiques paysans. On brûle dans les campagnes toutes les chaumières, chaque villa, chaque cabaret que l'on soupçonne pouvoir servir d'abri aux insurgés ; on tire sur tous ceux qui ont une veste en velours, que l'on croit être le costume du brigand, et, à une heure indiquée, chaque paysan doit quitter son champ sous peine de mort ! Hélas ! grâce à ce gouvernement qui nous perd, le soldat que l'on espérait voir servir à l'affranchissement de l'Italie, est regardé dans les provinces napolitaines comme un être maudit, comme l'ennemi de Dieu.

Dans les tourbillons de flammes qui dévoraient l'antique Pontelandolfo, on entendait des voix de femmes qui chantaient des litanies et des *Miserere*. Quelques officiers s'approchèrent de la masure d'où sortaient ces voix, en ouvrirent la porte, et virent cinq femmes échevelées, à genoux, autour d'une table sur laquelle était placée une croix entourée de cierges allumés. Ils voulaient les sauver, mais elles crièrent :

« Arrière, maudits ! Ne nous touchez pas, laissez-nous mourir sans tache ! »

Elles se groupèrent toutes dans un coin, et bientôt le plafond s'écroulant, écrasa ces malheureuses qui furent dévorées par les flammes.

Le lendemain de ce massacre et de l'incendie de deux villes, c'est-à-dire de Pontelandolfo et de Casalduni, l'une de cinq mille, l'autre de sept mille âmes, nous avons lu dans *Journal officiel de Naples* ce télégramme :

« *HIER MATIN, A L'AUBE, JUSTICE A ÉTÉ FAITE DE PONTELANDOLFO ET DE CASALDUNI* (1). »

Non, le *diarium* de Néron n'aurait pas annoncé avec plus de cynisme la nouvelle de pareilles horreurs !

---

(1) Dépêche télégraphique de Fragneto Monforte, 14° août, sept heures du matin *Journal officiel de Naples*, id. 194.

Quels préludes à l'unification de l'Italie ; et ce qui se passe dans le royaume de Naples et en Sicile ne suffirait-il pas pour être convaincu de l'impossibilité de régner sur ces populations indignées, à moins que la terreur, les incendies et les supplices n'enlèvent toute énergie à ceux qui ont tant à venger ? Que de temps et de sang pour arriver à cet asservissement.

Si j'étais Piémontais, je défendrais le maintien du roi Victor-Emmanuel ; si j'étais Italien, de Florence, de Venise, de Rome ou de Naples, je préférerais la république ; car je ne consentirais jamais à perdre l'autonomie de mon pays, pour devenir le sujet d'un roi étranger, qui sacrifie ma nationalité et ma religion. Hélas ! Mazzini et sa république socialiste seraient derrière moi comme ils sont derrière le roi Victor-Emmanuel ; c'est la fatalité de l'Italie.

Mais Venise et la Vénétie sont aux Autrichiens.

Rome et le domaine de saint Pierre sont occupés et défendus par la France, ne parlons que des pays annexés. Quelle est leur situation ?

Les habitudes, les mœurs, le langage diffèrent dans presque toutes les parties du nouveau royaume d'Italie. Les intérêts sont opposés, les prétentions contraires ; les Piémontais s'imposent partout et dans tous les emplois ; les lois sont différentes, les administrations différentes ; les ambitions excessives chez tous, et les prétentions exagérées ; l'action chez les démagogues, l'inertie chez les nombreux mécontents, excepté en Sicile et à Naples ; l'impatience du nouveau joug se manifestant chez le plus grand nombre par des mots, mais se montrant sans énergie dans la conduite ; le nord de l'Italie, heureux d'être délivré du joug des Autrichiens, à l'exception de certaines populations rurales qui les regrettent. Le gouvernement sans force et sans homogénéité est travaillé par les sociétés secrètes auxquelles appartiennent presque tous les hommes occupant les premiers emplois ou les premières dignités ; ils affectent une grande confiance en paroles dans leur force, et proclament bien haut leur puissance, quand leur armée est plus faible que celle du Piémont seul au moment de la guerre d'Italie, et que leurs finances sont dans le plus mauvais état.

Un roi brave, s'occupant peu de politique, mais choisissant les hommes qu'il charge d'en faire pour lui, peu délicat sur le choix des moyens, souvent soucieux d'être mené plus vite et plus loin qu'il ne l'eût voulu. Livré à ses plaisirs et n'aimant que Turin, sans crainte au milieu d'un peuple qui l'a vu naître et qui est fait à ses habitudes, qui ne sont celles d'aucun roi ; cherchant par des exercices violents à oublier les soucis de la royauté ; disant à tous ceux qui rêvent l'unité de l'Italie : Comptez sur moi, travaillez pour moi, vous choisirez vos moyens et vos récompenses. Faites-moi vraiment roi d'Italie, établissez un gouvernemeut régulier italien, je m'en rapporte à vous ; à vous Cavour, à vous Ricazoli, à vous Garibaldi, à vous Rattazzi, à vous Mazzini, à vous tous, Hongrois, Polonais, Italiens ou Français ; agissez, travaillez, conspirez, réussissez. Ami de tous ceux qui, au fond, sont le plus ses ennemis, jusqu'au jour où, se voyaut menacé par ceux là même dont il se serait servi, il proclame la loi martiale et réduise, s'il le peut, la démagogie à l'impuissance pour régner sur les conquêtes qu'il lui devra.

Tel est l'état actuel, telles sont les espérances et les calculs des hommes monarchiques qui servent Victor-Emmanuel. Ils nous font entrevoir en lui un nouveau Sixte-Quint jetant ses béquilles au moment de son avénement, le jour où il ferait à Rome ses débuts comme Empereur romain.

Mais ces rêves n'ont-ils pas leur contre-partie plus vraie dans l'esprit même des populations italiennes, dans les combinaisons des sociétés secrètes, dans les calculs habiles des hommes de la démagogie ? En un mot, le roi Victor-Emmanuel est-il un instrument entre les mains de la révolution, et la révolution se masque-t-elle derrière son titre de roi pour mieux cacher ses projets, ou bien le roi Victor-Emmanuel trompe-t-il la démagogie et s'en sert-il habilement ? Aujourd'hui, les deux camps marchent d'accord ; c'est au dénouement qu'il faut se porter pour savoir bien quels sont les dupes et quels sont les habiles. Ce dénouement, quel sera-t-il ? Il me paraît inévitable que la république doive triompher.

Que ce soit donc M. Ricasoli, M. Rattazzi, M. Farini, M. Nigra ou tout autre homme d'État que le Piémont choisisse pour le placer à la tête du gouvernement italien, tous y perdront leur temps et leur réputation, fatalement aujourd'hui, sinon demain, soit par les fautes des Italiens eux-mêmes et par leurs propres mains, soit par les armes de leurs voisins, qui ne pourront plus supporter leurs exigences et leur audace. En peu de temps, le royaume d'Italie sera considéré comme une chimère qui ne peut pas se réaliser, ou tout au moins qui ne peut durer. Aucun homme d'État n'en doute en Europe.

S'il en était autrement, croit-on que l'Autriche souffrirait, sans en tirer vengeance, les outrages dont elle est tous les jours abreuvée par les hommes les plus autorisés du Piémont ? Si l'Autriche déclarait solennellement qu'elle a un seul but, celui de punir ceux qui l'insultent sans cesse, et que la punition infligée elle se retirerait dans ses frontières de Villafranca et de Zurich, pareille chose pourrait se voir sans causer en France aucun étonnement ; car nous n'admettons pas que le Piémont puisse impunément, sous la protection de nos armes, prodiguer des insultes à une brave armée que nous avons toujours respectée sur les champs de bataille, après nos victoires.

Les braves ne menacent pas sans cesse leurs ennemis, surtout ils ne les injurient pas quand ils n'osent pas les combattre.

Peut-être cette réflexion incidente, écho affaibli de ce que j'entends tous les jours, me fera-t-il accuser de regretter non-seulement l'alliance avec l'Autriche, mais de vouloir revenir à l'ancien ordre de choses *ante bellum*. Peu m'importent ces jugements auxquels ne croient pas même ceux qui cherchent à les accréditer.

VIII.

Mais, disent les partisans de l'unité italienne, il faudra bien que l'on nous abandonne Venise et Rome.

Jamais l'Autriche n'abandonnera la Vénétie, malgré la sympathie qui nous unit à la cause de Venise ; jamais elle ne consentira à perdre du même coup cet immense camp retranché que l'on appelle le Quadrilatère, et ses possessions sur l'Adriatique, une partie du Tyrol, et enfin la défense de ses anciennes frontières.

Depuis que l'Autriche n'a plus l'Empire d'Allemagne, le traité de Tolentino, conclu avec la France en 1797, lui donnant la seule mer qui puisse assurer son commerce ; elle ne peut pas consentir à un suicide.

Aucune compensation ne peut lui être offerte. C'est une question de vie ou de mort pour elle. Être ou ne pas être, est le mot de cette question, si mal comprise par tant de gens.

Le jour où l'Italie se croira de taille à tenter l'aventure par la force des armes sera le dernier jour de bien des illusions.

Les hommes politiques sérieux savent à quoi s'en tenir sur les résolutions de l'Autriche et sur les menaces du gouvernement de Turin. Mazzini et Garibaldi peuvent seuls laisser de l'incertitude sur les folies qu'ils peuvent entreprendre.

Et Rome? Ils menacent souvent de l'arracher à la France, qui sourit de leurs innocentes fantaisies. Mais on a jugé, en Italie, qu'il était bon de surexciter l'exaltation des esprits et de tâcher de faire entrer la confiance et l'espérance dans les cœurs. Il ne faut pas s'étonner outre mesure de cette habileté, qui jointe à tous les genres d'habileté, caractérise la politique du cabinet piémontais et des hommes de la révolution italienne. Garibaldi, en créant des tirs dans toutes les localités, pourra faire des tireurs, il n'en fera pas ainsi des soldats. Il n'en fera jamais assez qui soient de taille à se mesurer contre les défenseurs de Rome ou de la Vénétie.

Il est vrai que, si nous livrions le Saint-Père, si l'Autriche livrait la Vénétie, on nous promet l'ordre et la paix universelle, du moins des orateurs français le disent à la tribune française, mais ils sont peu d'accord avec les orateurs et les généraux italiens, qui promettent à tous les peuples l'appui de leur puissance révolutionnaire, qui, jusqu'ici, ne vit que protégée par nous.

Singulières prophéties pacifiques faites par de pareils prophètes, après ce que nous savons de leurs projets et de leur vie passés. Aussi le gouvernement de l'Empereur et tout ce qui réfléchit en France sérieusement, traite-t-il avec dédain ces fallacieuses promesses ; la plus grande loyauté ne pourrait pas les tenir, quand il ne serait pas cent fois évident qu'ils n'emploient encore ces promesses que comme un moyen de tromper l'opinion publique.

Que M. Rattazzi cherche, par des alliances révolutionnaires avouées ou habilement dissimulées, à résoudre des questions que le droit des gens, le respect des traités, l'intérêt général de la France et de l'Europe entière, je ne crains pas de le dire, n'auraient pas dû permettre de soulever, libre à lui.

Que M. Rattazzi laisse s'organiser des sociétés démagogiques dans son gouvernement, qui se croit encore monarchique; qu'elles soient autorisées ou qu'elles soient désavouées officiellement, qu'elles soient tacitement tolérées ou encouragées, car nous ne pouvons pas saisir la vérité dans cette mobilité infinie de moyens politiques si divers; que ces sociétés menacent de leurs ténébreuses entreprises les nations qui leur fournissent des complices et le gouvernement lui-même qui est fatalement obligé de les subir, libre à lui.

Qu'après l'engagement formel de Garibaldi, M. Ratazzi mette aujourd'hui, ou que par prudence il attende quelques jours encore pour mettre la main du roi Victor-Emmanuel dans la main de Mazzini, libre à lui.

Mais la France n'est plus dupe de cette politique, qui voulait faire croire que le Piémont était le seul obstacle aux menées démagogiques des sociétés secrètes de l'Italie; que lui seul, en se mettant à la tête d'un mouvement coupable, pouvait absorber et détourner, au profit de la monarchie, les aspirations républicaines du parti mazzinien. La France ne peut pas servir de marchepied à cette politique, que la morale réprouve, et que les faits condamnent d'une manière si évidente.

Nous avons assez fait de sacrifices de sang et d'argent pour l'Italie; il est grand temps de songer à la France et de ne pas nous laisser entraîner à une guerre générale et révolutionnaire, si nous avions le malheur d'abandonner Rome.

On se plaint de l'état de nos finances. Ah! c'est les ménager sûrement que d'occuper les États-Romains, car c'est empêcher les plus grands événements de mettre tout en question.

IX

L'on vient nous répéter sans cesse que les peuples ont toujours le droit de chasser leurs souverains, je n'admets pas ce principe de révolution perpétuelle.

Nous ne voulons pas de l'ère des Césars. Nous ne voulons pas être le jouet tantôt de la multitude, tantôt de quelque puissant ambitieux, tantôt de secrètes conspirations populaires ou de conjurations militaires. Nous ne voulons pas que, pour notre grande satisfaction démocratique, un autre Tacite puisse venir dire de nous :

Suscepere duo manipulares imperium populi romani transferendum, et transtulerunt.

Deux soldats s'imaginèrent de changer le chef de l'Empire romain, et ils y réussirent.

Nous savons trop ce que la liberté, l'honneur, la dignité, la prospérité, la grandeur d'une nation ont à y perdre.

Nous savons que, dans le court espace de soixante-neuf ans, Rome a pu supporter, entre Auguste et Titus, des empereurs qui se nommaient Tibère, Caligula, Claude, Néron, Galba, Othon, Vitellius et Vespasien ; époque de sang et de boue, pendant laquelle tous les crimes et toutes les bassesses, tous les vices se trouvaient réunis sur le trône des Césars et autour d'eux ; époque affreuse pendant laquelle l'armée, sans cesse révoltée, le peuple souverain déchaîné périodiquement, asservi presque toujours, servaient toutes les ambitions les plus habiles et les plus cruelles, qui lui disaient qu'il était maître de ses destinées, et que les couronnes lui appartenaient.

Ah ! pour nous-mêmes, ne soyons pas si avides d'un droit qui, s'il n'était pas mortel pour les nations, est presque toujours un acheminement vers leur ruine prochaine.

Je crois être aussi fier, aussi jaloux de ma dignité d'homme, de mes droits de citoyen, que les plus grands démagogues, mais la gloire d'une nation est bien plutôt de maintenir en améliorant que de détruire en renversant. Et s'il est des révolutions que Dieu permet pour le châtiment des peuples et des rois, il ne faut pas admettre comme un principe de droit le renversement des gouvernements établis.

Je n'admets donc pas, en principe, ce droit que l'on préconise, de renverser, l'un après l'autre, les gouvernements existants.

Dans un autre ordre d'idées, je n'admets pas que les nations puissent être indifférentes aux changements de gouvernement qui peuvent se faire chez des peuples avec lesquels elles sont en relations politiques de premier ordre.

Je ne reconnais donc pas aux Romains le droit de révolution, mais je reconnais à leur gouvernement le devoir de s'améliorer de manière à servir de type à tous les gouvernements de l'Europe.

C'est un rêve peut-être bien ambitieux, mais au moins un catholique peut le faire pour l'État qui se trouve placé sous le pouvoir temporel du Chef vénéré du catholicisme.

X.

J'arrive à la question la plus difficile et la plus controversée, la résistance du Saint-Père à toutes les propositions qui lui sont faites.

Je lisais, il y a peu de jours, le *Mémorial de Sainte-Hélène*, de M. le comte de Las Cases, le fidèle serviteur de l'Empereur. Il fait autorité; je l'ai déjà cité; je lui emprunterai encore un document, que je livre au jugement des esprits les plus prévenus. Je l'appellerai le *non possumus* de l'empereur Napoléon Ier :

Le vendredi 23 août 1816, M. de Montholon, adressa au gouverneur de Sainte-Hélène, Hudson Lowe, une *pièce officielle* que Napoléon lui-même avait dictée le dimanche précédent au sus-dit général, et soumise à l'examen des personnages qui partageaient sa captivité. « Elle nous a semblé, dit M. de Las-Cases, un chef-d'œuvre de dignité, de force et *de logique*. »

Dans cette pièce. S. M. expliquait le motif de son refus de signer la paix de Châtillon, c'est-à-dire l'*ultimatum* des puissances alliées dans les termes suivants :

On exigeait que la France renonçât à la Belgique et à la rive gauche du Rhin, ce qui était contraire aux propositions de Francfort et aux proclamations des puissances alliées; ce qui était contraire *au serment par lequel, à son sacre,* « l'Empereur avait juré l'intégrité de « l'Empire. »

Le 2 novembre suivant, l'auguste prisonnier, s'entretenant avec M. de Las-Cases, revint sur l'*ultimatum* de Châtillon et dit :

« J'ai dû m'y refuser, et je l'ai fait en toute connaissance de cause;

« aussi, même sur mon roc, ici, en cet instant, au sein de toutes mes
« misères, je ne me repens pas. Peu me comprendront, je le sais ;
« mais, pour le vulgaire même, et malgré la tournure fatale des évé-
« nements, ne doit-il pas aujourd'hui demeurer visible que le *devoir*
« et l'honneur ne me laissaient pas d'autre parti ?

« Les alliés, une fois qu'ils m'eussent entamé, en seraient-ils de-
« meuré-là ? Leur paix eût-elle été de bonne foi, leur réconciliation
« sincère ? c'eût été peu les connaître, c'eût été vraie folie que de le
« croire et de s'y abandonner. N'eussent-ils pas profité de l'avantage
« immense que le traité leur eut consacré pour achever par l'intrigue
« ce qu'ils avaient commencé par les armes ? Et que devenait la sû-
« reté, l'indépendance, l'avenir de la France ? Que devenaient *mes*
« *obligations, mes serments, mon honneur* ? Que de reproches la
« France ne m'eût-elle pas faits *d'avoir laissé* morceler le territoire
« CONFIÉ A MA GARDE. »

Que cette citation soit la réponse aux accusations extrêmes
portées contre le Souverain-Pontife, qui croit sa conscience et
son honneur engagés à ne pas traiter avec les spoliateurs de ses
domaines; car, on ne saurait trop le répéter, c'est en pleine paix,
sans que rien pût les autoriser ou les provoquer à de pareils actes, que les Piémontais ont donné dans cette occasion, comme
dans tant d'autres, la preuve de leur mépris pour le droit des
gens ? Depuis on a reproché amèrement au gouvernement du
Saint-Siége d'avoir répondu négativement aux propositions de la
France qui se posait en médiatrice entre Pie IX et Victor-Emmanuel ? On aurait dû nous dire quelle avait été la réponse du
Piémont, quand les dernières propositions faites à la Cour de
Rome furent communiquées à M. le baron Ricasoli, alors président du conseil des ministres. Nous croyons savoir d'une manière certaine qu'il fut répondu dans ce sens, si ce ne sont pas
les mots, à M. Thouvenel :

« Quelque puissent être les arrangements que vous fassiez
« avec le gouvernement du Saint-Père, il nous faut Rome pour
« capitale, ou vous n'aurez notre consentement à aucun arran-
« gement que vous puissiez faire, sans cette condition absolue
« que nous impose le vote répété des deux chambres de Turin. »

Le gouvernement romain savait d'avance cette réponse, et,

d'ailleurs, quelle confiance lui est-il permis d'avoir dans les engagements pris par le Piémont.

La France promettait-elle d'intervenir, même par les armes, pour faire respecter les conventions qui eussent été prises avec Rome ? C'est fort invraisemblable.

Qu'a-t-on pu croire à Rome ? La chose la plus naturellement indiquée, c'est que, si le gouvernement du Saint-Siége avait consenti à faire un abandon qu'il regarde comme une question de principe, il se serait bientôt trouvé en présence d'une question de fait qui l'eut désarmé de ses droits les plus sacrés. Vous voyez, aurait-on dit, que le Pape consent à tout, malgré ses refus obstinés jusqu'ici ; on lui a laissé Rome, mais si de nouveaux événements le renversent de son trône ; pourquoi n'en ferait-il pas chrétiennement l'abandon ? Sur quel droit imprescriptible s'appuierait-il, puisqu'il a déjà fait des sacrifices qu'il ne s'était pas cru le droit de faire ?

Avouons-le de bonne foi, une réponse du cardinal Antonelli acceptant avec empressement les ouvertures qui lui étaient faites, n'eût été ni sage, ni politique, ni habile.

Mais je regrette, je n'hésite pas à le dire, je regrette vivement que le cardinal Antonelli n'ait pas répondu à M. de La Valette :

« Vous reconnaissez que, quels que soient les événements ul-
« térieurs, nous avons le droit de protester contre toute atteinte
« faite ou à faire contre le gouvernement du Saint-Siége. La
« France nous a rendu les services les plus signalés, elle nous
« en rend tous les jours ; aujourd'hui elle veut tout concilier,
« un traité nous paraît impossible, car nous connaissons notre
« ennemi ; mais enfin, nous voulons prouver à la France que
« notre reconnaissance et notre confiance sont sans bornes ;
« dites-nous quelles sont les propositions de la France, nous y
« réfléchirons, nous pèserons mûrement les raisons contradic-
« toires qui doivent nous les faire accepter ou refuser ; mais
« dites-nous les clairement, à nous dont le gouvernement n'est
« défendu que par vous ; car nous avons à sauvegarder l'hon-
« neur et l'indépendance du chef de la religion catholique, qui
« est la vôtre.

« Nous attendons vos propositions, nous les examinerons,
« nous les discuterons avec vous. »

XI.

Malheureusement il n'en a pas été ainsi, et il s'est fait dans l'opinion publique un mouvement marqué contre la résistance du Saint-Siége, qui, dit-on, ne veut entendre à rien. Les négociations vont être reprises; Rome peut demander à la France de formuler ses propositions; elle peut vouloir connaître les garanties effectives d'indépendance qui lui seraient offertes, mais elle ne doit pas consentir à se soumettre à l'agrément du Piémont, qui a perdu le droit de traiter avec le Saint-Siége. Et que l'on n'invoque pas le traité de Tolentino, car alors le Pape était partie belligérante, tandis qu'aujourd'hui il n'y a que des spoliateurs et des spoliés.

J'ai toujours regardé comme un véritable malheur que la cour de Rome n'ait pas accepté la garantie de ses États par l'Europe, que la France lui proposait, en échange des Romagnes, bien avant le guet-apens de Castelfidardo et l'envahissement de l'Ombrie. Alors le Piémont ne s'était pas démasqué comme il l'a fait depuis, et sa parole, quoique très-compromise, conservait encore quelque prestige, tandis que maintenant personne n'y croit.

Les événements ont marché, la lumière s'est faite sur bien des questions, le moment n'est-il pas venu pour Rome de s'entendre avec la France.

Peut-être a-t-il été plus digne, peut-être plus habile d'attendre; mais maintenant serait-il sage de vouloir n'écouter aucune proposition, serait-il sage de refuser une discussion sur ce que nous aurions à proposer? Je ne le pense pas. Je le pense d'autant moins que je le dis sans crainte, on ne peut bâtir que sur le sable, et ce royaume d'Italie n'est qu'une décevante chimère.

Le *non possumus* de l'empereur Napoléon explique aux yeux du vulgaire, qui ne l'avait pas compris, ce qu'il y a de grand, de respectable, dans cette résolution du faible opprimé devant le fort, de ce vénérable vieillard qui n'a pour se défendre que le caractère sacré dont il est couvert, et ses vertus. Mais aussi une réflexion triste se fait jour; c'est à l'île de Sainte-Hélène que l'Empereur maintenait qu'il avait bien fait de ne pas signer le traité de Châtillon !

Non pas que je compare les situations, elles ne se ressemblent pas en tous points ; mais on peut apprécier les avantages et les inconvénients qui ressortent de cette noble conduite.

Si la question personnelle touche bien moins le Saint-Père qu'elle ne devait toucher Napoléon Ier, la question morale doit être pour le Souverain-Pontife autrement puissante, car, sans entrer dans l'examen des motifs divers qui peuvent le décider, le Pape n'est que l'usufruitier des domaines appartenant à l'Église, dont il est le chef viager.

Ce qui se passe aujourd'hui dans les négociations diplomatiques, entre Rome et la France, ne peut être envisagé assurément comme une lutte entre le Souverain-Pontife et l'Empereur. Chacun de leur côté, avec des devoirs différents, mais avec un égal désir de voir terminer des conflits fâcheux, les deux gouvernements cherchent la meilleure solution ; elle n'est pas encore trouvée, mais le fort ne retirera pas au faible la protection de ses armes, sans être assuré de son avenir.

Rome n'attend pas que l'Autriche nous ait vaincus, comme on l'a dit quelque part ; s'il y a des hauteurs d'ingratitude auxquelles on n'atteint pas facilement, il y a des excès d'illusion qui ne peuvent se supposer, et Rome le sait bien ; qu'aurait à gagner le gouvernement du Saint-Père à un triomphe passager, même admis comme possible, de l'Autriche sur la France ; elle n'en peut pas douter ! un abandon à toujours de la part de la France, et jamais Rome n'y voudrait consentir, car c'est bien la France qui est la fille aînée de l'Église.

Singulière manière de vouloir l'apaisement des consciences que de représenter le Saint-Père, et tous les catholiques qui soutiennent sa cause contre la révolution, comme ennemis de la France.

Singulière manière de se prétendre soi-même catholique quand on s'allie à tous les ennemis de notre religion, qu'ils soient nés catholiques ou qu'ils appartiennent à des religions différentes.

Singulière popularité que l'on affecte d'attribuer à la presse qui attaque sans cesse le pouvoir temporel du Saint-Père et le catholicisme lui-même, quand tant de publicistes appartiennent notoirement à des religions qui ne sont pas la nôtre.

Pourquoi tous les ennemis de la religion catholique sont-ils pour l'unité italienne? si ce n'est parce que le renversement du catholicisme est le but qu'ils se proposent.

Il fut un temps où les troubles de l'Europe avaient fait accepter les Papes comme arbitres des querelles entre les Rois, et même entre les peuples. L'expérience des siècles a établi, a consacré la nécessité des États du Souverain-Pontife pour assurer son indépendance et sa liberté.

Des révolutions successives ont, il est vrai, mis souvent en péril cette indépendance et cette liberté; mais toujours on est revenu à reconstituer la puissance du Saint-Père à Rome. Toutes les phases diverses de l'histoire, toutes les épreuves du Saint-Siége depuis mille ans doivent nous décider à vouloir la conservation de sa puissance temporelle, afin que la Papauté ne soit plus mise en question.

Et quand on nous reporte aux premiers siècles du christianisme, oublie-t-on que plus de soixante Papes ont été martyrs? Veut-on nous ramener à ces époques de barbarie? Veut-on que les Papes deviennent les *hôtes pèlerins* des peuples qui, aujourd'hui leur donneront, et demain leur refuseront l'hospitalité? Non, ce n'est pas possible.

XII

Mais, dit-on, le gouvernement romain est loin d'être parfait; il devrait se réformer; nous sommes d'accord; les événements ont-ils bien permis ces réformes? Pie IX en a fait déjà de bien grandes. Que dit M. de Rayneval, dont on a cité quelques phrases, qui dénaturent l'ensemble de son rapport du 14 mai 1856, dont elles ont été extraites.

Je citerai plusieurs passages de ce rapport, qui, au moins, rend justice aux efforts faits par le vénérable Pontife :

Il devient nécessaire de présenter quelques observations sur le caractère particulier des Italiens. Le trait saillant de ce caractère est l'intelligence, la pénétration, la conception vive de toutes choses.

Ces dons précieux que la Providence a répandus sur l'Italie avec plus de profusion que partout ailleurs, et qui brillent encore de tout leur lustre antique, sont chèrement rachetés, sauf quelques remarquables exceptions, par le manque total d'autres qualités, telles que l'énergie, la force d'âme et le vrai courage civil. Il est rare de voir les Italiens fermement unis entre eux. Toujours en suspicion les uns à l'égard des autres, ils vivent constamment séparés. Chacun n'a de confiance qu'en soi-même et reste isolé. De là vient qu'ils n'ont ni associations commerciales ou manufacturières, ni entente commune, ni combinaisons pour les affaires privées ou publiques. Avec de pareilles dispositions, ils sont dépourvus de l'élément essentiel du pouvoir public la force organisée leur manque totalement.

. . . .

Livrés à eux-mêmes, ils n'ont jamais su faire autre chose que disputer sur la place publique, donner la victoire en définitive aux partis extrêmes, se consumer en agitations stériles, se diviser et se subdiviser a l'infini, et livrer leur pays au premier occupant, aux Français, aux Espagnols, aux Allemands. Chaque nation porte la peine de ses défauts; mais comment parvenir à lui faire comprendre que son infériorité doit être attribuée à elle-même et non à son gouvernement?

Il est de mode de prendre les Piémontais pour les Italiens, et de les montrer comme un exemple de ce qui peut être attendu des populations italiennes.

C'est une grande erreur. Les Piémontais sont une nation intermédiaire contenant plus d'éléments français et suisses que d'éléments italiens.

. . . .

La même difficulté que le gouvernement existant éprouve à trouver des points d'appui dans un pays incapable de les produire, sera éprouvée par n'importe quel parti qui arrivera au pouvoir. Le parti qui limite ses vœux à des réformes quand il est inhabile à se défendre lui-même, parce que personne ne veut se compromettre dans sa défense, fera place à un parti constitutionnel; celui-ci à son tour cèdera aux Mazziniens, qui, grâce aux mesures de violence d'un côté et d'indifférence d'un autre, resteront définitivement maîtres de la situation. Telle sera inévitablement la marche des événements si l'équilibre actuel est troublé de nouveau.

Pie IX s'est montré plein d'ardeur pour les réformes. Il se mit lui-même à l'œuvre. Tout le monde connaît la catastrophe qui a suivi.

Ce qui est arrivé alors se renouvellerait bien certainement de nos jours.

Quand nous avons ici le spectacle d'une nation profondément divisée, animée d'une ardente ambition, sans aucune des qualités qui font la grandeur et la puissance des autres nations, sans énergie et sans esprit militaire comme sans esprit d'association, ne connaissant rien du respect dû à la loi et aux supériorités sociales ; et cette nation mécontente de son lot, accusant ceux qui la gouvernent et qui sont en réalité les os de ses os et la chair de sa chair.

C'est une opinion généralement accréditée que l'administration pontificale est toute entre les mains des prêtres.

. . . . ,

J'ai souvent demandé aux ardents adversaires du gouvernement romain à combien ils évaluaient le nombre de prêtres employés dans l'administration. Il m'était répondu que cette évaluation allait à trois mille. On ne voulut pas me croire lorsque je prouvai, preuves en main, qu'en portant le nombre au chiffre maximum, il n'atteignait pas cent, et que la moitié de ces prétendus prêtres n'avaient pas reçu les ordres. C'est cependant sur des données d'une telle fausseté que sont basées les charges graves qui sont acceptées par le public comme irréfutables.

. . . . , . . .

Si nous examinons la part faite aux prélats, ceux qui sont prêtres et ceux qui ne le sont pas, dans l'administration romaine, nous arriverons à des résultats qu'il est important d'enregistrer. Hors de Rome, c'est-à-dire dans toute l'étendue des États-Pontificaux, à l'exception de la capitale, dans les Légations, dans les Marches, dans l'Ombrie, dans toutes les provinces, au nombre de dix-huit, combien croyez-vous qu'il soit employé d'ecclésiastiques? Leur nombre n'excède pas quinze, — un par province, — excepté trois où il n'y en a pas du tout. Ce sont des délégués ou, comme nous le dirions, des préfets. Les conseils, les tribunaux et les fonctions de toutes sortes sont remplis par des laïques.

Le nombre de ces derniers s'élève à 2,313 dans le service civil, et 620 remplissent des fonctions judiciaires, en tout 2,933; de sorte que pour un ecclésiastique en fonctions, nous avons quinze laïques. Il est possible à l'esprit le plus prévenu de ne vouloir pas reconnaître qu'un pouvoir ecclésiastique qui a réduit à une telle infimité le nombre des membres de son ordre qui sont les dépositaires du pouvoir dans toute l'étendue du territoire, est avancé aux dernières limites. Qui voudra croire que cela soit un abus intolérable, et que le danger cessera lorsque le petit nombre d'ecclésiastiques en fonctions restant aura disparu de la scène?

. . . . , ...

J'ai vu et je vois encore des fonctionnaires laïques exposés à des attaques personnelles beaucoup plus violentes que celles adressées à des ecclésiastiques ; c'est une contradiction ; mais c'est néanmoins un fait incontestable. Est-il possible de croire que le bonheur et le repos des populations sont puissamment affectés par la présence d'un si petit nombre de personnes qui, je le répète, n'ont, pour la plupart, du prêtre que l'habit? Évidemment la question n'est pas là, parce que ce n'est pas là que nous devons chercher le mal et le remède.

. . . .

Du jour même où le Pape Pie IX est monté sur le trône il a fait, nous sommes autorisés à l'affirmer, de continuels efforts pour détruire toutes les causes légitimes de plainte contre l'administration publique des affaires. Je ne me contenterai pas de parler du commencement de son règne. Trahi par les hommes qu'il avait rappelés de l'exil, trompé de la manière la plus flagrante par les ministres laïques qui l'entouraient en vertu d'un principe de complète sécularisation, et qui n'hésitaient pas à proclamer au monde que leur souverain avait donné son assentiment à des mesures qu'il avait positivement et formellement rejetées ; emporté rapidement par un système de pure réforme administrative vers l'établissement d'un régime constitutionnel, alors qu'il ne s'appuyait sur aucune force réelle et qu'il ne trouvait pas le moindre appui dans la nation, le Pape, cédant à la république et menacé même dans l'intérieur de son palais par une insurrection armée, comprit enfin qu'il ne lui restait plus d'autre ressource, pour préserver sa liberté et son indépendance, que dans la fuite de ses États. Nous devons lui rendre la justice d'avouer que, en dépit du résultat malheureux de ses tentatives de réforme, il n'a jamais abandonné ses projets d'amélioration et n'a jamais cessé de chercher les moyens de les mettre en pratique.

. . . .

Je donnerai une rapide esquisse des principaux actes administratifs et gouvernementaux émanés du gouvernement papal. A son retour de Gaëte, le Pape Pie IX a proclamé le principe du droit d'admission des laïques à toutes fonctions, une seule exceptée : celle du secrétariat de l'État. C'est le premier exemple donné par le gouvernement papal du choix de conseillers de la plus haute dignité parmi les rangs de la classe laïque. Ce principe a été consacré par la présence d'un certain nombre de laïques parmi les ministres et les délégués. La loi civile et criminelle avait déjà été l'objet d'une complète révision. Divers codes de procédure dans l'ordre civil et dans l'ordre criminel, de même qu'un code de commerce, tous fondés sur les nôtres et enrichis des leçons de l'expérience, ont été promulgués.

Je les ai soigneusement étudiés. Ils sont au-dessus de la critique. Le Code hypothécaire a été examiné par des jurisconsultes français et a été cité par eux comme un document modèle. La loi romaine, modifiée dans certaines parties par la loi canonique, a été prise pour base de la législation civile.

Les divers pouvoirs de l'État ont été soigneusement séparés et définis. Des départements ministériels distincts, différant en autorité, ont été créés, chacun d'eux opérant dans le cercle spécial de ses attributions. Un conseil de ministres, sous la présidence du secrétaire d'État, a été nommé, et les affaires ont toujours été soumises à l'épreuve de la discussion. En même temps, le plus grand respect pour l'indépendance du pouvoir judiciaire a été proclamé et pratiqué. Un conseil d'État pour la préparation des lois, composé des hommes les plus intimement versés dans les affaires administratives, tels que le prince Orsini, le prince Odelscalchi, l'avocat Stolz et le professeur Orioli, a été nommé avec la mission d'éclairer le gouvernement, après investigation complète de tous les projets élaborés par les départemants ministériels.

Un conseil des finances, composé de membres nommés par le souverain, après une libre élection des corps municipaux, a été spécialement chargé de réviser l'emploi des revenus de l'État. Ce conseil n'a qu'un pouvoir délibératif ou consultatif dans les discussions des premiers budgets, sinon ce serait une Chambre des députés. Quand il s'agit toutefois de dépenses faites, c'est-à-dire lorsqu'il suffit de vérifier l'application exacte des dispositions établies par le budget, ces décisions ont force de loi. Toutes les années les comptes de l'État et tous les projets qui ont une relation plus ou moins intime avec les finances, lui sont soumis par les ministres. Pour la première fois dans l'histoire des États-Pontificaux, nous avons vu les chefs dépositaires du pouvoir obligés de rendre compte de leurs actions aux représentants de la nation. Pour la première fois les comptes publics ont été convenablement publiés au commencement de l'époque de leurs applications, et conséquemment soumis au contrôle de la nation elle-même.

. . . .

A l'étranger, ces changements essentiels apportés au vieil ordre de choses, ces incessants effets du gouvernement papal pour améliorer le sort des populations ont passé inaperçus.

Les peuples n'ont eu des oreilles que pour entendre les réclamations des mécontents, et les permanentes calomnies de la mauvaise portion de la presse piémontaise et de la presse belge. Voilà les sources où l'opinion publique a puisé ses inspirations et, en dépit des faits bien établis, on croit dans le plus grand nombre des pays, surtout en Angleterre, que le gouvernement pontifical n'a rien fait pour ses sujets et s'est borné à continuer les erreurs d'un autre âge.

. . . .

Les impôts sont toujours beaucoup au-dessous du taux moyen des divers États européens. Un Romain paie annuellement à l'État 22 fr., les trois millions d'habitants payant 68 millions de francs. Un Français paie au gouvernement de France 45 fr., trente-cinq millions payant 1,600 millions de francs. Ces chiffres montrent d'une façon péremptoire que les États-Pontificaux doivent être considérés, à cet important point de vue, comme ayant rang parmi les nations les plus favorisées. Les dépenses sont réglées sur des principes de la plus stricte économie. Un seul fait suffira pour le prouver.

La liste civile, les dépenses des cardinaux, du corps diplomatique à l'étranger, les frais d'entretien des palais pontificaux et des musées, tout cela réuni ne demande pas à l'État plus de 600,000 couronnes (3,200,000 fr.) Cette faible somme est la seule portion du revenu public demandée par le Pape pour fortifier la dignité pontificale et pour entretenir les principaux établissements de l'administration ecclésiastique supérieure. Nous pourrions demander à ces personnes qui montrent tant de zèle à poursuivre les abus si l'appropriation de 4,000 couronnes aux besoins des princes de l'Église leur paraît porter le cachet d'un système d'économie mis en rapport avec le revenu public.

. . . .

En même temps, l'état des finances a été réorganisé, et, en dépit des ressources limitées du budget, de nombreuses sommes ont été consacrées à l'encouragement du commerce et des arts.

Un grand nombre de routes ont été ouvertes sur divers points du pays, le port de Terracine a été élargi ; des travaux de drainage ont été exécutés dans les Marais-Pontins. Le marais d'Ostia est en train d'être drainé, et des viaducs d'une remarquable importance ont été construits en divers lieux.

La navigation à vapeur a été introduite sur le Tibre, et, grâce à un bon système de remorquage, le port de Rome a été visité par un plus grand nombre de navires que précédemment.

La ville a été éclairée au gaz, des télégraphes électriques ont été établis, des concessions de chemins de fer ont été faites. Celui de Frascati, qui doit s'étendre jusqu'à Naples, ne tardera pas à être livré à la circulation. Des négociations sont entamées pour une ligne importante qui doit relier Rome à Ancône et à Bologne. La construction du railway de Civita-Vecchia a été concédée à une Compagnie, qui commencera immédiatement ses travaux.

L'agriculture a été également l'objet des encouragements du gouvernement. Des prix ont été institués pour l'encouragement du jardinage et l'élève du bétail. Enfin une commission, composée des principaux propriétaires en terres, s'occupe en ce moment de l'étude du problème resté irrésolu jusqu'à ce jour du drainage de la campagne de Rome, et du moyen de peupler cette campagne.

. . . .

D'importantes améliorations ont été introduites dans l'administration des hôpitaux et des prisons.

Quelques-unes de ces prisons devraient être visitées, afin que les visiteurs pussent admirer, — l'expression n'est pas trop forte, — la persévérante charité du Saint-Père. Je n'étendrai pas cette énumération : cc que j'ai dit devrait suffire pour prouver que toutes les mesures adoptées par l'administration portent le cachet de la sagesse, de la raison et du progrès ; qu'elles ont déjà produit de bons résultats ; en un mot, qu'il n'y a pas un seul détail de nature à intéresser le bien-être, soit moral, soit physique, des populations, qui ait échappé à l'attention du gouvernement ou qui n'ait pas été traité d'une manière favorable.

En vérité, lorsque certaines personnes disent que le gouvernement pontifical « forme une administration qui ne peut avoir pour but le bien du peuple, » le gouvernement pourrait répondre : « Étudiez nos actes et condamnez-nous si vous osez. » Le gouvernement peut demander non-seulement quel est celui de ses actes qui justifie un blâme légitime, mais auquel de ses devoirs il a manqué. Doit-on supposer d'après cela que le gouvernement pontifical soit un modèle sans faiblesses ni imperfections? Non, certainement; mais ces imperfections et ces faiblesses sont de la nature de celles qu'on rencontre dans tous les gouvernements et même dans tous les hommes, avec très-peu d'exception.

Le gouvernement pontifical est composé de Romains agissant à la manière romaine. Il est défiant, méticuleux, hésitant, il recule devant la responsabilité; il a plus l'esprit d'examen que l'esprit de décision. Il aime les tergiversations et les accommodements. Il manque d'énergie, d'activité, d'initiative, de fermeté, semblable en cela à la nation elle-même. Mais, bien qu'il soit permis de critiquer quiconque néglige ses devoirs, il serait injuste de faire un crime à qui que ce soit de n'être pas un Sixte V, un Colbert ou un Napoléon.

. . . .

En définitive, la justice civile est bien administrée. Je ne connais pas un seul jugement dont la stricte équité ne soit de nature à être reconnue par le meilleur tribunal de l'Europe.

La justice criminelle est administrée d'une manière également inattaquable. J'ai suivi quelques procès dans tous leurs détails. J'ai été forcé de reconnaître que toutes les précautions nécessaires pour la vérification des faits, toutes les garanties pour la libre défense de l'accusé, y compris la publication des débats, y ont été observées.

. . . .

Pour conclure, nous sommes forcés d'avouer après examen, que le gouvernement pontifical n'a pas failli à sa tâche, qu'il a marché régulièrement dans la voie de la réforme et des améliorations, et qu'il a réalisé des progrès considérables. Si l'agitation continue, il faut en chercher la cause dans le caractère même de la nation, dans ses vues ambitieuses dirigées vers des objets hors de sa portée. Nous devons reconnaître, enfin, que le remède à cette triste situation ne peut se trouver dans une masse de mesures qui, modifiant un ordre de choses sans liaison aucune avec le mal, ne feraient que rendre le mal plus grand et plus dangereux encore, en exaltant les espérances de la nation et en réduisant un pouvoir déjà bien ébranlé au dernier degré de faiblesse et d'impuissance.

Si le souverain des États-Pontificaux n'était pas en même temps chef de l'Église, le maintien ou le renversement de son pouvoir importerait peu; mais la cause du catholicisme est en jeu dans cette affaire, et c'est pour ce motif que les grandes puissances catholiques attachent justement un si haut degré d'intérêt à la situation intérieure des États-Romains. Ces puissances ont un profond sentiment des dangers qui les menaceraient elles-mêmes en cas d'une nouvelle révolution, et elles comprennent tout ce qu'il pourrait en coûter à l'Europe pour reconstituer le pouvoir temporel de la Papauté sur une nouvelle base. Les passions religieuses une fois déchaînées en même temps que les passions politiques, les conflits les plus graves et peut-être même les plus sanglants pourraient naître du contact.

La prudence des hommes leur conseille de chercher les moyens de prévoir et d'empêcher de pareilles complications, etc., etc.

. . . .

Voilà cependant ce que disait M. de Rayneval, notre ambassadeur à Rome en 1856, avant les révolutions d'Italie. Que l'on ne prétende donc pas que le Saint-Père s'est refusé à des progrès, à des réformes. J'en abrège la nomenclature, pour ne pas prolonger des citations que je crois utiles.

Est-ce à dire que tout soit parfait dans les États romains ? Certainement non. Le mal invétéré tient aux mœurs, au caractère, aux habitudes de ces populations. Les lois sont bonnes. Beaucoup d'usages sont mauvais et, il faut en convenir, l'immixtion du clergé dans les affaires intimes des citoyens est tellement abusive, qu'elle est la principale cause des mécontentements.

Ah ! nous critiquons souvent bien sévèrement des gouvernements ou des institutions que nous ne voudrions pas renverser. Pourquoi serions-nous si décidés, si inexorables, pour le gouvernement de Rome, quand l'un des hommes les plus haut placés dans l'estime et dans les regrets de la diplomatie, tout en reconnaissant qu'il est loin d'être parfait, lui rend cependant une éclatante justice en le vengeant des accusations les plus passionnées et les moins vraies.

La question est bien simple ; elle est assez sérieuse pour que l'on y réfléchisse encore. Je la formule ainsi :

Quels avantages la France pourrait-elle retirer de la destruction du faible pouvoir du Saint-Père ?

Quels avantages la France pourrait-elle espérer, ou quels

dangers pourrait-elle craindre en créant à ses portes une nation rivale de trente millions d'hommes?

XIII

Mais je me vois assailli par la phalange ameutée contre Rome, et je vais être, à présent plus que jamais, signalé comme un clérical. Le nom ne me va guère, mais enfin je l'accepte, s'il peut éloigner de la France les deux calamités que je redoute pour elle : — l'unité de l'Italie, — l'abandon de Rome.

Je sais trop quels peuvent être les entraînements des grands Corps, dans tous les États, pour rêver une domination ecclésiastique dont le clergé français repousse la pensée comme une calomnie et comme un danger dont il ne veut, en aucune façon, accepter la responsabilité, et contre laquelle je protesterais énergiquement.

Mais je sais qu'il faut ne pas craindre de défendre la religion, et les intérêts de son pays qui lui sont intimement liés, sans se préoccuper des attaques et des calomnies des hommes de la révolution, qu'il faut combattre. Je sais qu'il faut résister aux zèles religieux exagérés que rien n'arrête et qui compromettent les intérêts les plus légitimes et les plus sacrés. — Je sais que la maxime de saint Louis vis-à-vis du clergé est toujours celle qu'il faut suivre :

« *Soutenir, mais contenir.* »

Fort de mes convictions, je n'hésite pas à défendre les causes que je crois justes, à attaquer celles que je crois injustes, et à déterminer nettement la conduite que le devoir nous impose.

Si maintenant on me demande une conclusion, il me sera facile de la donner.

La France ne doit, à aucun prix, aider ni encourager l'unification de l'Italie.

La France ne peut et ne doit, dans aucun cas, livrer ni abandonner Rome aux Piémontais.

Indiquerai-je ce que le gouvernement de l'Empereur doit faire aujourd'hui par sa diplomatie ? Assurément, non. Ma conviction est si profonde sur la solution que doivent avoir les troubles de l'Italie, que je ne voudrais pas même proposer d'expédients provisoires, et d'ailleurs, à mes yeux, la France est tellement liée par les conventions de Villafranca et par le traité de Zurich, que je ne crois pas qu'il soit convenable de proposer à mon gouvernement de manquer à ses engagements pris si solennellement sur le champ de bataille d'abord, et ensuite par un traité conclu par nos ambassadeurs et ratifié par l'Empereur.

Et enfin, les difficultés ne sont-elles pas inextricables. Le Piémont ne peut pas abandonner ses exigences sans se livrer à la risée de l'univers ; Rome ne peut pas consentir à son suicide.

Mais, en présence des faits qui se succèdent, il m'est permis de prévoir que, dans peu de temps, un Congrès Européen réglera les affaires d'Italie :

En conservant PEUT-ÊTRE le Milanais au Piémont, mais ne le rendant certes pas à l'Autriche.

En prenant pour base les conventions de Zurich pour constituer, sinon plusieurs duchés, du moins un État indépendant qui sépare le Piémont des États du Saint-Siége, nécessité impérieuse si l'on veut éviter le retour des troubles de l'Italie.

En rétablissant la souveraineté du Saint-Père sur des bases solides.

Et enfin en restituant au royaume de Naples son autonomie.

Je ne crains pas de dire qu'à mon avis, ce sont les seules choses sérieuses à faire, qu'elles se feront dans un temps plus ou moins rapproché, et, tant qu'elles ne seront pas faites, l'Italie sera un foyer de révolutions menaçant pour la France et pour la paix du monde.

J'ignore quels peuvent être les desseins des Français qui travaillent à faire de l'Italie une grande puissance. Je ne connais pas le but ultérieur qu'ils se proposent, si toutefois ils en ont un ; mais, me préoccupant des intérêts permanents de mon pays, de son lendemain, de son avenir, je ne veux me livrer à aucun rêve d'ambition inutile et dangereuse, car je ne veux pas exposer, en joueur, les destinées de ma patrie.

Malgré ma sympathie pour l'Italie, mes convictions sont absolues, je n'hésite pas à les dire : je croirais trahir la France, soit en abandonnant les opinions que je viens d'exposer dans cet écrit, soit en faisant des vœux opposés à ceux que je formule.

Mon devoir est d'être Français avant d'être Italien.

FIN.

cun rêve d'ambition inutile et dangereuse, car je ne veux pas exposer, en joueur, les destinées de ma patrie.

Malgré ma sympathie pour l'Italie, mes convictions sont absolues, je n'hésite pas à les dire : je croirais trahir la France, soit en abandonnant les opinions que je viens d'exposer dans cet écrit, soit en faisant des vœux opposés à ceux que je formule.

Mon devoir est d'être Français avant d'être Italien.